Kroatien
Die südliche Küste und Inseln

Harald Klöcker ist Journalist und Buchautor. Er beschäftigt sich seit mehr als 20 Jahren mit kulturellen und naturkundlichen Themen in Kroatien, insbesondere in der Region Dalmatien.

 Familientipps

 Diese Unterkünfte haben behindertengerechte Zimmer

◎ Ziele in der Umgebung

Preise für ein Doppelzimmer mit Frühstück:

€€€€ ab 150 €   €€ ab 70 €
€€€ ab 110 €   € bis 70 €

Preise für ein Hauptgericht ohne Getränke:

€€€€ ab 35 €   €€ ab 15 €
€€€ ab 25 €   € bis 15 €

Inhalt

◀ Trogirs Altstadt (▶ S. 52) wurde als
UNESCO-Weltkulturerbe eingestuft.

Unterwegs an Kroatiens südlicher Küste 32

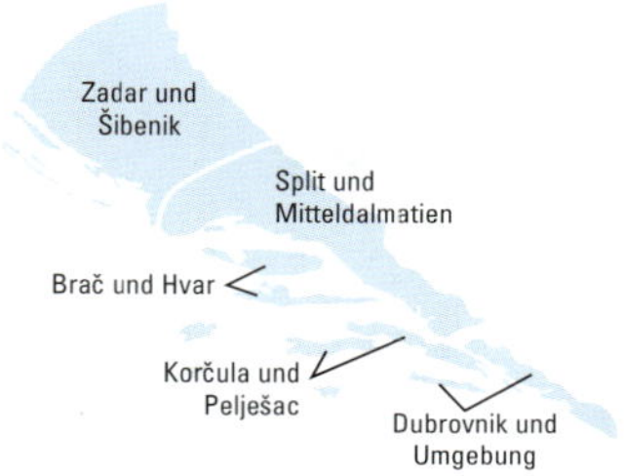

Zadar und
Šibenik

Split und
Mitteldalmatien

Brač und Hvar

Korčula und
Pelješac

Dubrovnik und
Umgebung

Touren und Ausflüge 84

Wissenswertes über Kroatiens südliche Küste 96

✳ Karten und Pläne

Willkommen an Kroatiens südlicher Küste mit ihrer venezianischen Architektur, den mediterranen Landschaften, zerklüfteten Küsten und bewaldeten Inseln.

Es ist mehr als 20 Jahre her, aber noch heute erinnere ich mich an meine erste Begegnung mit dieser Region. Es war ein Tag mit außergewöhnlich klarer Sicht. Ich blickte wie gebannt aus dem Fenster des Flugzeugs, das mich nach Dubrovnik bringen sollte. Die Sonne blinkte auf der Adria. Hellgraue Felsenriffe waren zu sehen, dann Eilande über Eilande, ein ganzer Archipel, schließlich größere Inseln, Landzungen und Buchten, Segelschiffe und Leuchttürme, Wälder und Felder, eingefasst von Natursteinmauern. So viele Inseln, so viele Klippen und Riffe. Ein solch vielgestaltiges Ensemble von Land und Meer hatte ich noch niemals zuvor gesehen. Als wir in Dubrovnik landeten, war der Entschluss gereift, viel Zeit aufzuwenden, um diese Küsten- und Inselwelt im Süden Kroatiens ausgiebig zu erkunden.

Die Adria als Schauspiel

Längst weiß ich, dass die Inseln, die damals das Flugzeug überflog, Vis, Korčula, Mljet, Šipan, Lopud und Koločep heißen. Inzwischen habe ich gelernt, dass es vor der gesamten kroatischen Küste 1185 Inseln, Klippen und Riffe geben soll, 47 von ihnen sind bewohnt. Etwa Hvar, Brač, Lastovo, Žirje, Ugljan, Pašman, Iž, um nur einige in Dalmatien, der südlichen Küstenregion, zu nennen.

◀ Glasklares Wasser an der Makarska Riviera (▶ S. 52) verspricht Urlaubs-Badefreuden.

Wer hier unterwegs ist, wird die Begegnung mit dem adriatischen Meer als ein tagtägliches Schauspiel erfahren. Wolken und Horizont über der Weite des Wassers, Brisen, mäßige und starke Winde, die salzige Luft, das Geräusch der Wellen, die Farben der von der Sonne durchleuchteten Adria. Man versteht sofort, dass dieses Meer die Bewohner an seinen Ufern geprägt hat. Nicht wenige Seefahrer, Fischer, Kapitäne, Boots- und Schiffbauer hat Dalmatien hervorgebracht. Einige Museen dokumentieren heute die Geschichte der Seefahrt, der Unterwasserwelt und der Fischerei. Begreiflich wird auch, dass diese exponierte Lage am Meer die Menschen zu allen Arten von Wassersport motiviert: Segeln, Tauchen, Paddeln, Schnorcheln oder Surfen.

Venezianische Bauten

Über das Meer gelangten im Mittelalter die Venezianer in die Region und hinterließen architektonische Kostbarkeiten, die vielerorts noch heute zu besichtigen sind. Auch das adelt Dalmatien: die venezianisch geprägten Altstädte, Loggien und Plätze, Kirchen, Paläste und Monumente in Kalkstein oder Marmor, auch aus altkroatischer, aus römischer Zeit. Man schaue sich nur den Diokletian-Palast in Split, die Altstädte von Dubrovnik, Korčula, Trogir oder Zadar an.

Prächtige Flora und Fauna

Unbedingt erwähnenswert ist die dalmatinische Vegetation, die Pracht der mediterranen Pflanzen und Bäu-

me. Ich erinnere mich gut an die Salbei- und Lavendelblüte auf der Insel Hvar. Duftende Thymianfelder habe ich auf der Halbinsel Pelješac erlebt. Prächtige Zypressen kann man nahe der Ortschaft Orebić bestaunen. Erdbeer-, Feigen- und Johannisbrotbäume gedeihen auf fast allen Inseln des dalmatinischen Archipels, außerdem Myrte und Fenchel, Ginster, Majoran, Hibiskus, Tamarisken und Oleander. Einmal habe ich auf der Insel Lastovo einem grün schillernden Rosenkäfer zugeschaut, wie er in den Blüten der Zistrosen nach Nahrung suchte. Ein anderes Mal sah ich einen schwarz-gelben Falter; wie sich herausstellte: ein Schwalbenschwanz. Ich sollte noch den würzigen Duft des Pinienharzes erwähnen, den man an Dalmatiens Küsten auf Schritt und Tritt erleben kann. Manchmal hört man die Nachtigall am frühen Morgen oder den durchdringenden Ruf des Steinkauzes am Abend.

Immer hatte ich den Eindruck, dass man die Region eher nicht in der turbulenten sommerlichen Hochsaison, sondern im geruhsameren Frühling oder Herbst besuchen sollte. Auch klimatisch ist dann die rechte Zeit für Wanderungen. Beispielsweise durch die Rebgärten an den Westhängen der Insel Hvar. Immer wieder lohnend ist ein Aufstieg auf den 961 Meter hohen Sveti Ilija oberhalb von Viganj und Orebić; oder eine Durchquerung der Insel Kaprije. Oder der Insel Zlarin. Es bleiben ja genügend Inseln, die man noch nicht erkundet hat. Was mich betrifft, gilt das für Šolta, Žirje, Dugi Otok, Žut, Čiovo und Veli Drvenik. Auch für Molat und Iž. Da will ich als Nächstes hin.

MERIAN-TopTen
MERIAN zeigt Ihnen die Höhepunkte der Region: Das sollten Sie sich bei Ihrem Besuch von Kroatiens südlicher Küste nicht entgehen lassen.

 Strand Zlatni rat
Der auf der Insel Brač gelegene Strand Zlatni rat gilt als der bekannteste der ganzen Region (▶ S. 28, 57).

 Diokletian-Palast, Split
Die von Kaiser Diokletian erbaute Palastanlage repräsentiert römische Architektur in Dalmatien (▶ S. 47).

 Trogir
Die Küstenstadt hat sich einen attraktiven Altstadtkern mit bedeutenden Bauwerken aus dem Mittelalter bewahrt (▶ S. 52).

 Makarska Riviera
Hier gibt es reizvolle Strände, ein sonnenreiches Klima und zahlreiche Angebote für Wassersportler (▶ S. 52).

 Hafenstadt Hvar
Die geschützt in einer Bucht gelegene Stadt Hvar zeigt ein sonnenreiches Klima und typische Züge einer dalmatinischen Hafenstadt (▶ S. 61).

 Altstadt von Korčula
Vom Beginn des 15. bis zum Ende des 18. Jh. stand Korčula unter der Herrschaft Venedigs (▶ S. 67).

 Dubrovniks Altstadt

Das mittelalterliche Altstadt-ensemble Dubrovniks wurde von der UNESCO 1979 zum Weltkulturerbe ernannt (▶ S. 77).

 Arboretum, Trsteno

Seltene alte Bäume und Pflanzen aus dem Mittel-meerraum sind hier zu sehen (▶ S. 83).

 Sveti Jure

Vom 1762 m hohen Gipfel des Sveti Jure im Naturpark Biokovo kann man oft bis zur italienischen Ostküste sehen (▶ S. 86).

 Krka-Wasserfälle

Der spektakuläre Fluss Krka stürzt über 17 Stufen ins-gesamt fast 50 m tosend, tobend und donnernd in die Tiefe (▶ S. 90).

MERIAN-Tipps Mit MERIAN mehr erleben.

Nehmen Sie teil am Leben der Region und entdecken Sie Kroatien, wie es nur Einheimische kennen.

 Vila Koruna, Mali Ston
Das nette Restaurant im Muschel- und Austern-Mekka ist spezialisiert auf Fisch und Meeresfrüchte aller Art (► S. 15).

 Schwertertanz, Korčula-Stadt
Seit dem Mittelalter wird jedes Jahr im Sommer die Moreška, ein spektakulärer Kampf zweier Heere, getanzt (► S. 25).

 Vransko jezero
Zwischen Hügeln gelegener Süßwassersee mit artenreichem Fischbestand (► S. 40).

 Restaurant Konoba Varoš, Split
Taverne mit ausgezeichneten dalmatinischen Traditionsgerichten (► S. 50).

 Restaurant Jeny, Gornje Tučepi
Volkstümliche Lokalität mit dalmatinischen Spezialitäten, schöner Terrasse und freundlichem Service (► S. 55).

 Restaurant Kod Kapetana, Hvar
Niveauvolle kulinarische Leistungen seit mehr als 30 Jahren (► S. 62).

 7 Ribarski muzej, Vrboska
Das kleine Museum dokumentiert die Fischerei auf der Insel Hvar (▸ S. 64).

 8 Jahrhundertealte Zypressen
Die ältesten Exemplare sind 300 bis 400 Jahre alt und befinden sich oberhalb und westlich von Orebić am Hang (▸ S. 72).

 9 Pansion Mirina, Viganj
Sympathische Familienpension direkt am Meer. Köstliche hausgemachte Speisen und Wandermöglichkeiten in der Nachbarschaft (▸ S. 74).

 10 Troubadour Hard Jazz Caffé, Dubrovnik
Der Treffpunkt für Jazzfreunde und Veteranen der örtlichen Kulturszene (▸ S. 81).

Auf dem Platz vor Dubrovniks Kirche Sveti Vlaha (▶ S. 78) herrscht immer reges Treiben in den Straßencafés und Bars – sehen und gesehen werden ist angesagt.

Zu Gast an
Kroatiens südlicher Küste

Die Zahl der modernen Hotels ist größer geworden.
Auch bei den Privatpensionen spürt man den Aufbruch zu mehr Komfort und zeitgemäßem Service.

Übernachten
Die Art der Unterkünfte wird
vielfältiger, selbst Leuchttürme und Villen werden angeboten, Anlagen für Wellness und Fitness sind im Kommen.
Apartments und Pensionen eignen sich für Familienurlaub.

◄ Das Palace-Hotel (▶ S. 63) in der Stadt Hvar (▶ S. 61) liegt im Stadtzentrum am kleinen Hafen.

Einige große Urlaubshotels konnten Kredite beantragen und die notwendige Modernisierung verwirklichen. Manche Häuser haben sich internationalen Ketten angeschlossen oder wurden von renommierten Hotelgruppen aufgekauft.

Die Situation der **Hotels** in den großen Städten längs der dalmatinischen Küste hat sich in den letzten Jahren etwas verbessert. Speziell in Split und Dubrovnik sind neue anspruchsvolle Hotels entstanden. Inzwischen gibt es auch mehr und mehr kleinere und mittelgroße Privathotels oder -pensionen, die in der Regel einen modernen Standard repräsentieren und die große Lücke zwischen Hotels und dem Angebot an einfachen **Privatzimmern** schließen wollen.

Vorteile der Nebensaison

Groß ist das Angebot an privaten Ferienzimmern, -wohnungen oder Apartments im Bereich der Küste und auf den Inseln. Viele dieser Unterkünfte sind preiswert, sauber, zweckmäßig ausgestattet und werden engagiert von den Besitzern geführt; meist ist auch die gesamte Atmosphäre gastlich und herzlich; das macht ihren eigentlichen Charme aus. Die schönsten und am besten ausgestatteten Unterkünfte sind allerdings in der Hochsaison im Juli und August oft ausgebucht sowie übertrieben teuer.

Familiäre Gastlichkeit

Die meisten **Campingplätze** im südlichen Kroatien sind lediglich zwischen Mai und September, einige auch von April bis Oktober geöffnet. In der Sommersaison kann es zu Engpässen kommen. Für diese Zeit ist eine Reservierung unbedingt ratsam. Einen guten Überblick über die Campingplätze in Kroatien/Dalmatien bietet der ADAC-Campingführer, der bei allen ADAC-Dienststellen erworben werden kann. Wildes Campen ist in Kroatien verboten. Die FKK-Campingplätze sind in den entsprechenden Campingführern ausgewiesen.

Deutlich gestiegen sind inzwischen die Preise für Stadthotels in den Metropolen wie Split oder Dubrovnik. Die hohen Preise korrespondieren nicht immer mit den gebotenen Leistungen. Vor allem im Juli und August steigen die Preise oft in unangemessene Höhen. Nach wie vor günstig sind Pauschalangebote in der Vor- und Nachsaison; auch die Preise in den meisten Familienpensionen halten sich außerhalb der Hochsaison in einem überzeugenden Rahmen und eignen sich für einen Familienurlaub.

INFORMATIONEN

Campingverband Kroatien
Poreč, Pionirska 1 • Tel. 0 03 85/52/
45 13 24 • www.camping.hr
(auch in Deutsch)

Leuchttürme
▶ grüner reisen, S. 17

Empfehlenswerte Hotels und andere Unterkünfte finden Sie bei den Orten im Kapitel ▶ **Unterwegs an Kroatiens südlicher Küste.**

Preise für ein Doppelzimmer mit Frühstück:

€€€€ ab 150 €	€€ ab 70 €
€€€ ab 110 €	€ bis 70 €

Essen und Trinken
Fische und Meeresfrüchte wie Tintenfische oder Miesmuscheln, dazu Olivenöl und geschmackvolle Kräuter geben den Gerichten ihren aromatisch-kräftigen mediterranen Charakter.

◄ Besser geht's kaum: Fisch und Meerestiere kommen fangfrisch direkt vom
Boot auf den Markt.

Während im gebirgigen Hinterland
Dalmatiens deftige Gerichte mit
Hammel-, Lamm-, Schweine-, Rind-
oder Ziegenfleisch – oft in Weiß-
kohlblätter eingewickelt – geschätzt
werden, ist der kulinarische Horizont im Bereich der Küste und Inseln
aus verständlichen Gründen von
Meeresfrüchten und **Seefischen** geprägt. Sie müssen zumeist nicht her-
beitransportiert werden, sondern
werden in direkter Nachbarschaft
der Küsten und Inseln gefischt. Daher sind sie in der Regel frisch und
von tadelloser Qualität. Edelfische
wie Zahnbrasse, Goldbrasse, Seebarsch, Zackenbarsch, Drachenkopf,
Seezunge oder Meeräsche werden
normalerweise gegrillt, »na žaru«,
und begleitet von Kartoffeln und
Mangold serviert.

Früchte des Meeres

Beliebt sind vor allem der Tinten-
fischsalat – angemacht mit Zwie-
beln, Petersilie, Rotweinessig, Meersalz, Olivenöl – als Vorspeise sowie
das weiße Muschelrisotto und das
schwarze – in der eigenen Tinte
eingefärbte – Tintenfischrisotto.
Auch Hummer, Langusten, Miesmuscheln, Austern und »škampi«
werden häufig angeboten. Letztere
Delikatesse wird gern als »škampi
buzara« bzw. »škampi na buzaru« in
einem Sud aus Gemüse, Weißwein
und Tomaten gekocht. Als kulinarische Pilgerstätte für Liebhaber ex-
quisiter Meeresfrüchte gilt die Ortschaft Mali Ston (Halbinsel Pelješac)
mit ihren Miesmuschel- und Austernzuchtanlagen.

MERIAN-Tipp

VILA KORUNA   ► S. 120, C 14
In diesem Restaurant im Muschel-
Mekka **Mali Ston** (Halbinsel Pelješac) gibt es alles, was das Herz an
Meeresfrüchten und Fischgerichten begehrt: Hummer, Austern,
Scampi, Miesmuscheln, Risotto in
jeder Variation. Alles kommt frisch
auf den Tisch. Von März bis Juli
ist Austernsaison. Das von der
Familie Pejić engagiert geführte
Restaurant hat viele Stammgäste
aus der Umgebung. Kleine Pension mit 6 Zimmern angeschlossen. Ganzjährig geöffnet.
Mali Ston • Tel. 0 20/75 49 99 •
www.vila-koruna.hr • €€

Köstliches Olivenöl

Olivenbäume werden auf nahezu allen bewohnten dalmatinischen
Inseln und in den geschützten Lagen
der Küste kultiviert.
Weitere Spezialitäten sind der geräu-
cherte und gereifte **Schweineschin-
ken**, »pršut«, der gereifte, besonders
würzige **Schafskäse** von der Insel
Brač, »brački sir«, sowie frischer Ziegenkäse. Ein beliebtes Dessert ist die
»rožata«, ein Karamellpudding aus
Eiern, Zucker und Milch. Im Sommer und Herbst werden gern auch
Früchte aus der Region – Kirschen,
Feigen, Granatäpfel – als Nachtisch
angeboten.

Empfehlenswerte Restaurants finden Sie
bei den Orten im Kapitel ► Unterwegs an
Kroatiens südlicher Küste.

Preise für ein Hauptgericht:

€€€€ ab 35 €	€€ ab 15 €
€€€ ab 25 €	€ bis 15 €

grüner
reisen

Wer zu Hause umweltbewusst lebt, möchte dies vielleicht auch im Urlaub tun. Mit unseren Empfehlungen im Kapitel grüner reisen wollen wir Ihnen helfen, Ihre »grünen« Ideale an Ihrem Urlaubsort zu verwirklichen und Menschen zu unterstützen, denen ein verantwortungsvoller Umgang mit der Natur am Herzen liegt.

Besinnung auf die natürlichen Ressourcen

Bäuerliche Betriebe, die konsequent nach Öko-Richtlinien wirtschaften, sind Einzelfälle und spielen in der kroatischen Landwirtschaft noch keine bedeutende Rolle. Erste engagierte Bio-Bauern machen in Istrien von sich reden. Sie überzeugen vor allem mit Olivenöl, Wein und Gemüse. Auch im kroatischen Hinterland regen sich erste Initiativen von Bio-Bauern. Obst und Kürbiskernöl zählen hier zu den herausragenden Produkten. In Dalmatien – auf den Inseln zumal – bieten einzelne Bauern naturnah hergestellte Trockenfeigen, Gemüse, Obst, Liköre, Kräuterschnäpse oder Olivenöl an. Auch Olivenseife, Würzkräuter, Honig oder Lavendelessenz findet man auf den Märkten. Eine verlässliche Bio-Zertifizierung dieser Produkte steht mangels vereinheitlichter gesetzlicher Bestimmungen und funktionierender Kontrollinstanzen aus.

Wer sich für Tier- und Naturbeobachtungen interessiert, sollte einen Besuch der Nationalparks Paklenica, Krka, Kornati oder Mljet erwägen. Genauso beeindruckend sind die Höhenzüge des Biokovo-Gebirges oder die Umgebung des Sveti Ilija auf der Halbinsel Pelješac.

ÜBERNACHTEN

Leuchttürme an der Adria

Seit einigen Jahren besteht für Ruhe suchende Gäste die Möglichkeit, in kroatischen Leuchttürmen zu übernachten. Einige liegen am Festland, andere mehr oder weniger weit draußen in der Adria. In allen Leuchttürmen können nur wenige Besucher untergebracht werden.

Doch gerade wer sich für Seevögel, seltene Pflanzen und Insekten interessiert, mag an der Unterbringung in einem Leuchtturm fern allen Trubels Gefallen finden.

Als besonders reizvoll gilt unter Kennern ein Aufenthalt im Leuchtturm der kleinen, westlich von Lastovo gelegenen Insel Sušac. Freunde einer urwüchsigen Natur werden sich hier rundum wohlfühlen. Der Leuchtturm stammt aus dem Jahr 1878 und befindet sich auf 100 m Höhe am höchsten Punkt der Insel. Einziger Bewohner der kargen Insel ist der Leuchtturmwärter. Manchmal bringt ein Schäfer eine Schafherde hierher. Besucher von Sušac loben vor allem die großartigen Tauchmöglichkeiten in den benachbarten Gewässern der Insel. Auf Wunsch führt der Leuchtturmwärter die Gäste über die Insel und erläutert die Besonderheiten dieses adriatischen Lebensraums. Der Transfer zur Insel wird ab der Küstenortschaft Vela Luka organisiert und dauert knapp zwei Stunden. Buchbar ist auch ein Aufenthalt im Leuchtturm der weit draußen auf der Adria gelegenen Insel Palagruža. Auch in Struga auf Lastovo, in Veli Rat auf Dugi Otok sowie auf der kleinen Insel Pločica zwischen Korčula und Pelješac gibt es Leuchttürme mit Unterkunftsmöglichkeiten. Über die örtlichen Konditionen, Anreise, Verpflegung und Preise informiert die kroatische Firma Adriatica.net Group, wo eine entsprechende Buchung vorgenommen werden kann.
www.adriatica.net

ESSEN UND TRINKEN

Restaurant Nishta   ▸ S. 79, b 1–2

Die Zahl der vegetarischen oder Bio-Restaurants in Dalmatien hält sich bislang in engen Grenzen. Innerhalb dieser Grenzen hebt sich das Nishta in Dubrovnik positiv heraus. Das Restaurant liegt in einer Seitenstraße der Altstadt und ist auf frische, herzhaft angerichtete vegetarische Gerichte spezialisiert. Es gibt auch Gerichte für Gäste, die sich konsequent vegan oder glutenfrei ernähren wollen. Bislang besuchen mehr ausländische Touristen als Einheimische das Lokal.

Angeboten werden internationale vegetarische Gerichte, darunter ein spanischer Gazpacho, mexikanische Nachos, indische Pakoras, mexikanische Temperitos oder japanische Miso-Suppe. Neben diversen Salaten, Kartoffel-, Tofu- und Reisgerichten kommen bei den Gästen die gegrillten Gemüsegerichte, die hausgemachten Falafel sowie die indischen Curry-Gerichte besonders gut an. Äußerst verlockend präsentieren sich auch die Desserts.

Als rundweg gut gelaunt und effektiv erweist sich auch der Service. Wer eine Alternative zu den herkömmlichen Restaurants mit kroatischen Spezialitäten sucht, fühlt sich im Nishta gewiss gut aufgehoben.

Dubrovnik, Prijeko bb (Altstadt Ecke Palmoti eva/Prijeko) • Tel. 0 20/32 20 88 oder Mobil 0 98/1 86 74 40 • www.nishtarestaurant.com • Mo–Sa 11.30–22 Uhr, So, Ende Nov. für 1 Woche und Jan. geschl. • €

EINKAUFEN

Bio and Bio ▸ S. 79, westl. a 1

Zertifizierte Bio-Lebensmittel in Dalmatien zu finden war noch bis in die jüngste Vergangenheit alles andere als einfach. Inzwischen hat sich die Situation leicht gebessert. Dieser in Dubrovnik etwas außerhalb der Altstadt gelegene Bio-Laden gilt als die Nummer eins in der Stadt und bietet ein solides Lebensmittelsortiment an. Hinzu kommen Naturkosmetika sowie Bücher.
Dubrovnik, Mercante Centar, Vukovarska 24 • Tel. 0 20/31 16 14 • www.happycow.net • So geschl.

Meersalz aus Nin ▸ S. 114, C 1

Rund 20 km nordwestlich der Küstenstadt Zadar liegt die Ortschaft Nin mit der Saline Nin, die als eine der bedeutendsten Salinen an der kroatischen Küste gilt. In der Lagune von Nin herrschen vorzügliche Bedingungen für die Trocknung von Meersalz, das besonders reich an Magnesium, Kalzium und anderen gesundheitsfördernden Substanzen ist. Besonders förderlich für die Produktion sind die zahlreichen Sonnentage, das saubere Meerwasser und die günstigen Winde.
Bei der Führung durch die Saline erfahren Besucher, wie die natürliche Gewinnung des Salzes gewährleistet wird, welche Qualitätsunterschiede es gibt und warum das Salz aus Nin über außergewöhnliche Eigenschaften verfügt. Zudem bietet die Führung einen Exkurs in die Geschichte der Salzgewinnung seit der Antike. Auch Informationen über Flora und Fauna der Niner Lagune sowie die Möglichkeit der Vogelbeobachtung werden geboten. Das Meersalz kann vor Ort gekauft werden. Zum Sortiment der Saline zählen überdies Salze, die durch

Blüten oder andere natürliche Materialien aromatisiert worden sind.
Solana Nin: Nin, Ilirska cesta 4 • Tel. 0 23/26 40 21 • www.nin.hr sowie www.solananin.hr • Juni–Sept. tgl. 10–18 Uhr

Weine von Zlatan Plenković ▸ S. 118, C 11

Die steilen Westhänge der dalmatinischen Insel Hvar zählen zu den renommiertesten Lagen für den Anbau von Weintrauben. Die exponierte Lage über dem Meer, rund 3000 Sonnenstunden im Jahr sowie eine dem Reifeprozess der Rebe förderliche Zirkulation der Winde macht vor allem die Erzeugung von tiefgründigen, körperreichen Rotweinen möglich. Angebaut wird hauptsächlich die rote Rebsorte Plavac mali, die bedeutendste Rebsorte Dalmatiens.
Der Winzer Zlatan Plenković und sein Team kultivieren die Reben nahe dem Weiler Sveta Nedjelja. Auf den Einsatz von Kunstdünger oder sonstigen chemischen Mitteln im Weinberg wird komplett verzichtet. Die Weine erfüllen die Kriterien des ökologischen Anbaus. Spitzenprodukt ist der Rotwein Zlatan Stijena. Er wurde mit dem begehrten Schweizer Biospecta-Zertifikat ausgezeichnet und erhielt auf der Messe BioFach in Nürnberg eine Goldmedaille. Auch die weißen Bio-Weine aus dem Hause Plenković zeigen Originalität und ein komplexes Aroma. Für diese Weine baut der Winzer die Rebsorten Pošip, Dubrovačka Malvazija, Žilavka, Žuti Muškat und Chardonnay an. Die Weine können direkt beim Winzer gekauft werden. Degustationen können nach Voranmeldung durchgeführt werden.
Zlatan Otok: Sveta Nedjelja (Insel Hvar) • Tel. 0 21/74 57 09 •

Urlaub einmal ganz anders: Ein besonderes Erlebnis verspricht der Aufenthalt im Leuchtturm Sušac (▶ S. 17) auf einer einsamen Insel.

www.zlatanotok.hr
In Deutschland sind die Weine lieferbar über www.weinland-kroatien.de

NATURBEOBACHTUNGEN

Biokovo-Gebirge   ▶ S. 119, E 10

Für Freunde einer artenreichen Flora und Fauna stellt das Biokovo-Gebirge oberhalb der Makarska-Riviera eine große Herausforderung dar. Das Unternehmen Biokovo Active Holidays ist seit 1994 auf geführte naturkundliche Wanderungen im Biokovo-Gebirge sowie Flusserkundungen per Kajak spezialisiert. Bevorzugt werden Unterkünfte in natürlicher Umgebung sowie mit regionaltypischer Verpflegung. Zudem werden landeskundliche Kenntnisse vermittelt.

Das zerklüftete Bergland steigt bis zu einer Höhe von 1762 m (Sveti Jure) an. Das gesamte Gebirgsmassiv ist bekannt für seine Pflanzenpracht, auch einige endemische Arten gibt es hier, überdies einen großen zusammenhängenden Schwarzkiefernwald. Dazu kommt eine artenreiche Fauna: Wölfe, Gämsen, Mufflons, Steinhühner, Schlangen- und Steinadler, Seeschwalben, die seltene Hornviper. Besucher können zwar auf einer Serpentinenstraße bis zu einem Parkplatz fahren und von dort aus wandern. Wer aber diesen geschützten Naturraum gründlich und facettenreich erleben will, vertraut sich besser dem erfahrenen Team von Biokovo Active Holidays an. Zum Programm gehören auch Wanderungen durch andere Natur- und Nationalparks. Es gibt ein- und mehrtägige Wanderungen.

Biokovo Active Holidays: Makarska, Kralja Petra Kresimira IV 7b • Tel. 0 21/67 96 55 • www.biokovo.net

Einkaufen
Honig, Kräuter, dekorative Feigen-
ketten, Olivenöl oder Frucht- und Kräuterschnäpse von
Kleinstproduzenten sind schmackhafte und beliebte
Souvenirs von den Bauernmärkten.

◄ Gemüse, Kräuter, Obst und Käse werden auf den lebhaften Bauernmärkten wie hier in Split (► S. 47) angeboten.

Das Angebot an schönen und typischen Souvenirs ist nicht gerade üppig. Vielfach werden industriell gefertigte Kitschartikel gehandelt. Erst seit Kurzem werden wieder vereinzelt Souvenirs auf den Markt gebracht, die sich durch Individualität und Originalität auszeichnen.

Ein nach wie vor attraktiver Klassiker unter den dalmatinischen Souvenirs sind die Naturschwämme aus den Gewässern um die Insel Krapanj, die Heimat der Schwammtaucher, die zum Šibeniker Archipel zählt.

Würz- oder Heilkräuter wie Salbei, Oregano, Thymian, Rosmarin, Lavendel, Fenchel oder Kamille werden auf den Märkten angeboten. Manchmal sind sie in kleinen, dekorativen Leinensäckchen verpackt. Die mit getrockneten Lavendelblüten gefüllten Leinensäckchen stammen meist von der Insel Hvar, wo der Anbau von Lavendel Tradition hat.

Mit der Hand gearbeitete Körbe aus dem Holz des Johannisbrotbaums sind inzwischen selten geworden; da und dort tauchen aber solche handwerklichen Raritäten doch noch auf. Dann sollte man zugreifen. Gleiches gilt für echte **Holzschnitzarbeiten**.

Delikates aus den Bergen

Immer einen Besuch wert sind die kleinen wie großen **Bauernmärkte**, vor allem in Split, Dubrovnik, Makarska, Sinj, Šibenik oder Zadar. Obst, Gemüse, Fleisch, Fisch, Blumen, Wein, Olivenöl, eingelegte Oliven, Honig, Käse, Wurst und Schnäpse werden hier zumeist von kleinen Produzenten angeboten. Was eignet sich davon als Souvenir? Unbedingt die hausgemachten Frucht-, Kräuter- oder Walnussschnäpse; gerade die letzten beiden Varianten – »Travarica« und »Orahovica« – eignen sich gut als Digestif und fördern die Verdauung nach einem opulenten Essen. Auch wer naturbelassenen Honig mag, wird auf diesen Märkten fündig. Geschmacklich sehr interessant sind Sortenhonige mit einem hohen Anteil an Salbei, Lavendel, Rosmarin oder Thymian. Eine Rarität ist Mandelhonig. Bekannt für guten Honig sind die Inseln Šolta, Ugljan und Pašman. Beim Kauf von Olivenöl sollte

WUSSTEN SIE, DASS …

… die Kroaten die Krawatte erfunden haben? Im Dreißigjährigen Krieg schmückten sich kroatische Reiter mit kunstvoll gebundenen Halstüchern. »À la croate« nannte man dies in Frankreich. Daraus wurde die Krawatte.

man sich davon überzeugen, dass das Öl noch intensiv duftet und hinreichend fruchtig schmeckt. Es darf keinesfalls auf dem Wochenmarkt lange in der prallen Sonne gestanden haben! Trockenfeigen werden gern auf einer Kordel zu einer Kette aufgefädelt; zwischen jeder Feige ist ein Lorbeerblatt aufgereiht. Diese dekorativen Feigenketten – meist ab September auf den Märkten angeboten – sind landestypische Souvenirs.

Empfehlenswerte Geschäfte und Märkte finden Sie bei den Orten im Kapitel ► **Unterwegs an Kroatiens südlicher Küste.**

Im Fokus

Dalmatinische Weine Rot- wie auch
Weißweine überzeugen durch ihr eigenwilliges, angenehm
individuelles Aroma und vollmundigen Geschmack.

Die originellsten und interessantesten dalmatinischen Weine kommen von der Halbinsel Pelješac sowie von den Inseln Korčula und Hvar. An den südlichen Steilhängen von Pelješac reifen die Trauben für die teuersten Rotweine Kroatiens. Angebaut wird hier fast ausnahmslos die rote Traubensorte Plavac mali. Aus ihr keltern die Winzer in den Ortschaften bzw. Lagen von Dingač, Postup, Kuna oder Potomje wuchtige, sehr gehaltvolle, manchmal etwas zu alkoholreiche Rotweine. Schon zu Zeiten der Donaumonarchie wurden diese hochkonzentrierten Rotweine als sogenannte Kaiserweine an den Hof nach Wien gebracht. Modern eingestellte Winzer der Firmen Matuš–

ko vina oder Grgić vina führen vor, dass man aus der Rebsorte Plavac mali auch elegante, verführerische und ausgewogene Rotweine herstellen kann.

Einer der prominentesten Winzer auf der Halbinsel Pelješac ist Frano Miloš aus der kleinen Ortschaft Ponikve. Miloš baut alte Mali-Plavac-Reben auf besonders steinigen Terrassen an. Lagen mit unterschiedlichen Klima- und Bodenbedingungen bringen Rotweine mit deutlich verschiedenartiger Aromatik hervor.

Auf der benachbarten Insel Korčula dominieren die weißen Reben, vor allem die Sorten Rukatac und Pošip. Sie werden meist in der Ebene nahe

◄ Auf der Halbinsel Pelješac (► S. 71) wird vor allem die rote Rebsorte Plavac mali angebaut.

der Ortschaften Smokvica und Čara angebaut. Beide Weißweine verbinden eine herbe Frische mit sanften mineralischen Nuancen und dezentangenehmen Aromen von wilden Aprikosen bzw. Pfirsichen. Inzwischen gibt es sogar im Fass vergorene Varianten. Die auf Korčula verbreitete Rebsorte Rukatac, die manchmal mit Pošip verschnitten wird, heißt in anderen Weingebieten Dalmatiens Maraština.

Weißwein-Rarität

Eine seltene Weißwein-Spezialität ist der Grk, der nahe der Ortschaft Lumbarda im Osten der Insel Korčula auf Sandböden kultiviert wird. Er zeigt ein zartbitteres, vom Sand herrührendes Aroma und gesellt sich bestens zu zarten Fischgerichten. Leider wird er nur in begrenztem Umfang angebaut. Nur wenige Produzenten stellen reinsortigen Grk her, oft wird er mit anderen Rebsorten verschnitten.

Sehr erfreulich haben sich die Weinqualitäten an den Westhängen der Insel Hvar entwickelt. Angebaut werden hier die weißen Sorten Bogdanuša, Zavala und Maraština sowie die roten Sorten Plavac mali, Faros und Babić. Die bedeutendsten Weinbau-Gemeinden heißen Sveta Nedjelja, Ivan Dolac und Zavala. Berühmtester und erfolgreichster Winzer ist derzeit Zlatan Plenković (► S. 18), der seine Weine im Weiler Sveta Nedjelja vinifiziert. Aber auch andere – vor allem junge, aufstrebende – Winzer punkten mit interessanten Innovationen. Ein origineller Muskatwein namens Prč kommt aus der Gegend von Bogomolje.

Vielfältige Rebsorten

Erwähnenswerte Weine aus dem Küstenbereich sind der Debit, ein leichter Weißwein aus der Gegend von Šibenik; der Babić, ein gefälliger Rotwein aus der Gegend von Primošten, sowie der weiße bzw. rote Kaštelet, aus der Rebsorte Vranac bzw. Plavac gekeltert. Weitere Weine werden auch bei Gruda und Komaji sowie auf der Insel Vis hergestellt. Sechs der größten Weingüter auf der Halbinsel Pelješac haben eine Weinstraße ausgewiesen, die von Ston bis zur Küstenstadt Orebić führt. Viele Winzer bieten Verkostungen und Unterkünfte an.

EMPFEHLENSWERTE WINZER

Šain-Marelić

Čara (Korčula) • Tel. 0 20/83 31 66 und 83 40 01

Matuško vina

Potomje (Pelješac) • Tel. 0 20/ 74 23 99 (Führungen in deutscher Sprache) • www.matusko-vina.hr

Grgić vina

Trstenik (Pelješac) • Tel. 020/ 74 80 90, 74 80 82 und 74 11 53

Frano Miloš

Ston-Ponikve (Pelješac) • Tel. 0 20/ 75 30 98 • www.milos.hr

Bartul Cebalo

Lumbarda (Korčula) • Tel. 0 20/ 71 20 09

Branimir Cebalo

Lumbarda (Korčula) • Tel. 0 20/ 71 20 44 • http://grk-lumbarda.com

Zlatan Plenković

Sveta Nedjelja (Hvar) • Tel. 0 21/ 74 57 09 • www.zlatanotok.hr

Feste und Events

Patronatsfeste und volkstümliche Darstellungen von historischen Ereignissen sind am beliebtesten und werden stets ausgelassen mit Musik, Tanz und leiblichen Genüssen gefeiert.

◄ Ein besonderes Ereignis ist der Schwertertanz (► MERIAN-Tipp, S. 25), der auf der Insel Korčula aufgeführt wird.

APRIL

Patronatsfest und Ritterspiele in Blato auf der Insel Korčula

Das Fest ist der örtlichen Schutzpatronin Sv. Vicenca (Heilige Vizenza) gewidmet. Kultur- und Unterhaltungsprogramm. Aufgeführt wird auch das Ritterspiel Kumpanija. Zwei Armeen kämpfen miteinander und müssen ihre Bereitschaft zur Verteidigung der Heimat unter Beweis stellen. Fahnentänze, Dudelsackmusik und dumpfe Klänge der großen Kriegstrommel.
28. April • www.blato.hr

MAI

Fest des Stadtpatrons Sv. Duje in Split

Umzüge durch Split unter der Beteiligung von Folkloregruppen.
7. Mai

JUNI

Internationales Kinderfestival in Šibenik
► Familientipps, S. 31

JULI

Makarska-Kultursommer

Sehenswerte Folkloreveranstaltungen, Konzerte, Poesieabende, Theaterdarbietungen sowie Ausstellungen zeigen einen kulturellen Querschnitt. Die meisten Veranstaltungen sind kostenlos.
Anfang Juli–Ende August • www.makarska-info.hr

Musik in Zadar

Orgel-, mittelalterliche und Kirchenmusik in der Kirche Sv. Donat.

Außerdem Kulturdarbietungen in der Altstadt.
Anfang Juli–Anfang August • www.zadar.hr

Kultursommer in Split

Kultur- und Folkloreveranstaltungen.
Mitte Juli–Mitte August • www.visitsplit.com

Dubrovnik-Sommerfestival

Großes internationales Festival mit Konzerten, Oper und Theater.
Mitte Juli–Ende August • www.dubrovnik-festival.hr

Schwertertanz in Korčula-Stadt
► MERIAN-Tipp, S. 25

MERIAN-Tipp   2

SCHWERTERTANZ ► S. 119, E 11

Der berühmte Tanz Moreška erinnert an eine Begebenheit aus dem Mittelalter. Die Heere zweier Könige kämpfen gegeneinander. Der Sieger darf die entführte Frau Bula zur Frau nehmen. Aufgeführt wird das Spektakel in historischen Kostümen, die den Stil des 15. Jh. repräsentieren. Das eine Heer trägt schwarze, das andere rote Ritterkostüme. Alle Ereignisse werden nachgespielt, die schließlich zum Sieg des weißen Königs über den schwarzen führen. Das gesamte Spektakel symbolisiert das Freiheitsstreben der hiesigen Bevölkerung.
Korčula-Stadt • 29. Juli (Fest des Sveti Todor), aber auch zu anderen Terminen in der touristischen Hochsaison • www.korcula.net

Sport und Strände
Im Vordergrund stehen natürlich die vielen Wassersportarten von Angeln bis Tauchen, aber auch Wandern, Klettern sowie Touren mit dem Rad werden immer populärer.

◄ Die Kornaten (▶ S. 41), hier die Insel Mana, sind auch für anspruchsvolle Segler ein abwechslungsreiches Revier.

Die Festlandküste ganz Kroatiens hat eine Länge von 1778 km. Dieser Küste sind mehr als 700 kleine und größere, bewohnte und unbewohnte Inseln vorgelagert, dazu kommen etwa 500 Felsen und Riffe. Seit Jahrzehnten steht diese maritime Welt bei Freunden der Sportschifffahrt hoch im Kurs. In den vergangenen Jahren sind viele Marinas modernisiert worden. Auch Taucher und Windsurfer treffen vor allem in Dalmatien auf gute Bedingungen. Die Saison für Wassersportler dauert von Mai bis Oktober. Für andere Sportarten wie etwa Wandern, Reiten oder Radfahren bietet Dalmatien zwar günstige Rahmenbedingungen, aber vielfach sind konkrete Serviceeinrichtungen für diese Sportarten noch im Aufbau.

ANGELN

Generell sind die Bedingungen in der gesamten Adria gut. Der Fischfang bis 5 kg täglich bedarf keiner besonderen Genehmigung. Harpunieren ist verboten. Strenge Schutzbestimmungen gelten vor allem im Nationalpark Kornati.
Interessante Reviere für den Fang von Süßwasserfischen sind der Binnensee **Vransko jezero** zwischen Zadar und Šibenik sowie das **Neretva-Delta** nahe der Stadt Ploče.

KLETTERN

Besondere Kletterrouten und Kletterwände wurden insbesondere auf der Insel Hvar in den Gemeindebezirken der Ortschaften Jelsa und Stari Grad eingerichtet. Es werden auch Kletterkurse angeboten. Infos beim Tourismusverband Jelsa (Tel. 0 21/76 10 17 bzw. www.tzjelsa.hr) oder Stari Grad (Tel. 0 21/76 62 21 bzw. www.stari-grad-faros.hr)

PADDELN

Gute Bedingungen auf den Flüssen Cetina und Krka. Erfahrene und anspruchsvolle Paddler schätzen auch die Reviere der Kornatinseln vor Zadar und Šibenik sowie die nahe Dubrovnik gelegenen Reviere in der Umgebung der Inseln Koločep, Lopud und Šipan.

RAD FAHREN

Interessante Routen befinden sich auf den Inseln **Ugljan** und **Pašman** (flaches Gelände). Wer Touren im Gebirge vorzieht, wird das Straßennetz auf den Inseln **Korčula** und **Brač**, teilweise auch auf **Hvar** (reparaturbedürftige Straßen) vorziehen. Die Küstenstraße ist zu verkehrsreich für gemütliche Fahrradtouren. Landschaftlich abwechslungsreich und für Ungeübte meist gut zu fahren sind die Strecken auf den Inseln.

RAFTING

Sehr beliebt sind Rafting-Touren auf der Cetina, die bei Omiš in die Adria mündet. Die Rafting-Touren werden in der Regel von Omiš aus organisiert. Infos beim dortigen Fremdenverkehrsamt (www.tz-omis.hr) oder bei www.vir-rafting.com.
Gute Rafting-Möglichkeiten bietet auch der Fluss Krka. Weite Teile des kaskadenreichen Unterlaufs sind als Nationalpark geschützt. Infos über Rafting-Touren beim Fremdenverkehrsamt der Ortschaft Skradin. **www.skradin.hr**

SEGELN

Die dalmatinische Küste und die vorgelagerten Archipele gelten bei Hobbyskippern aufgrund der großen landschaftlichen Vielfalt als großer Leckerbissen. Beliebt sind vor allem die vorgelagerten Inseln und Inselgruppen Dugi Otok, Nationalpark Kornati, Ugljan, Kaprije, Žirje oder Zlarin sowie die gesamte süddalmatinische Inselwelt.

INFORMATION
Adriatic Croatia International Club
www.aci-club.hr

AMS-Yachting
Segeltouren vor der kroatischen Küste.
Tel. 0 95 23/60 24 •
www.ams-yachting.de

Deutscher Segler-Verband
Gründgensstr. 18, 22309 Hamburg •
Tel. 0 40/6 32 00 90 • www.dsv.org

SURFEN

Die attraktivsten Surfreviere liegen im Pelješki-Kanal zwischen der Ortschaft Viganj auf Pelješac und der gegenüberliegenden Insel Korčula sowie im Hvarski-Kanal zwischen der Ortschaft Bol auf Brač und der gegenüberliegenden Insel Hvar.

TAUCHEN

Besonders reizvolle Gebiete liegen im Bereich der Inselgruppen Dugi Otok und Kornati. Tauchschulen u. a. auf Dugi Otok, Murter, Brač, Hvar, Korčula, Mljet.

WANDERN

Es gibt zwar nur wenige markierte Wanderwege, dafür kann man je-
doch anspruchsvolle Wanderungen in wilder Natur unternehmen, vor allem im Biokovo-Küstengebirge (Sveti Jure, 1762 m) nahe Makarska, im Bereich des Nationalparks Krka und in der Umgebung des Sveti Ilija (961 m) im Westen der Halbinsel Pelješac (markierte Wege).

STRÄNDE

Groß ist die Zahl der kleineren Strände und Badebuchten. Viele Felsen- oder Kiesstrände. Hier benötigt man solide Badeschuhe, auch als Schutz gegen Seeigel. Die Zahl der Sandstrände ist gering. Aber auch Felsen- und Kiesstrände müssen nicht weniger angenehm sein; oft liegen sie in landschaftlich reizvoller Umgebung.

Bol   ▶ S. 118, C 10
Nahe diesem beliebten Urlaubsort an der Südküste der Insel Brač (▶ S. 57) liegt der 600 m lange feinkiesige Strand **Zlatni rat** ★. Dies ist der berühmteste dalmatinische Strand. Er ziert zahllose Prospekte und ist in der Hochsaison ziemlich bevölkert. Gute Surfmöglichkeiten. Nahebei Hotels aller Art.

Brela   ▶ S. 117, F 8
Viel besuchter Badeort an der Makarska Riviera (▶ S. 54). Kilometerlange feine Kieselstrände, auch in den Nachbarortschaften Baška Voda, Makarska, Tučepi und Podgora. Viele Hotels, gute Infrastruktur.

Lokrum   ▶ S. 121, E 15
Kleine, der Stadt Dubrovnik vorgelagerte Insel, die per Ausflugsboot ab dem Alten Hafen (Stara Luka) nahe dem Ploče-Tor erreicht wird. Auf der Insel befindet sich ein Park mit schöner subtropischer Vegeta-

Der Strand Zlatni rat (▶ S. 28) gehört mit seinem feinen, fast goldfarbenen Kies zu den bekanntesten und schönsten Stränden von ganz Dalmatien.

tion, vor allem aber einige Badestrände, die gern von Einheimischen und Touristen aufgesucht werden.

Omiš ▶ S. 117, E 8

Nahe der Cetina-Mündung gibt es mehrere kleinere, flache Sand- bzw. feinkiesige Strände, die auch für Familien mit Kindern gut geeignet sind. Serviceeinrichtungen.

Primošten ▶ S. 116, B 7

Mehrere schöne Kieselstrandbuchten beim Ort (▶ S. 45).

Pupnatska Luka ▶ S. 119, E 12

Einer der reizvollsten Strände auf der Insel Korčula. Betrieb herrscht hier höchstens im Juni, Juli und August. Ansonsten wird dieser geschützt in einer Bucht gelegene Kieselstrand an der Südseite der Insel Korčula fast nur von Kennern aufgesucht.

Schatten nahebei, aber keine regelmäßig geöffneten Versorgungseinrichtungen. Mit dem Auto kann man bis in die Nähe des Strandes gelangen. Picknick mitbringen!

Familientipps
Dalmatiens Küsten bieten Spaß für Kinder jeden Alters und den Eltern angenehme Entspannung. Originelle Museen, Kinderfeste und schöne Strände begeistern Jung und Alt.

◄ Unzählige Möglichkeiten, am und im Wasser zu spielen, bieten die kroatischen Küsten – hier Trpanj auf Pelješac (► S. 71).

Bunari – die Geheimnisse von Šibenik
► S. 43, b/c 2

Die originelle Schau in der historischen Zisterne von Šibenik ist weitgehend auf Kinder und Familien zugeschnitten. Objekte und Arrangements veranschaulichen die eindrucksvolle Verteidigungsarchitektur der Stadt, die Wasserversorgung, die Lage von Schiffswracks und die unterschiedlichen, in der Region gebräuchlichen Schiffstypen. Auch die Zisterne selbst ist sehenswert.
Šibenik, Ulica Put Palih omladinaca • www.sibenik.hr • zwischen Juni und Sept. tgl. 8–12 Uhr, ansonsten auf Anfrage im angegliederten Café • Eintritt 25 Kuna, Kinder 15 Kuna

Internationales Kinderfestival in Šibenik
► S. 116, B 6

Das bedeutendste Fest in Šibenik wird in Zusammenarbeit mit UNICEF veranstaltet. Zwei Wochen im Juni und Juli verwandelt sich der Ort in ein internationales Forum für Kultur und Unterhaltungsangebote für Kinder. Geboten werden Mal- und Schreibwettbewerbe, Puppentheater, Filmvorführungen, Spiele und Ballettdarbietungen sowie ein Feuerwerk. Im Jahr 2010 fand das Festival zum 50. Mal statt.
www.mdf-sibenik.com

Muschelmuseum/ Malakološki muzej
► S. 119, E 10

Das Muschelmuseum ist im historischen Franziskanerkloster untergebracht. Rund 3000 verschiedene Muscheln aus fünf Kontinenten sind hier zu bestaunen. Eindrucksvolle

Sammlung für Muschelliebhaber, Biologen und Kinder.
Makarska, Franjevački put 1 • Tel. 0 21/61 12 56 • www.makarska-info.hr • nicht immer feste Öffnungszeiten, normalerweise Mo–Sa 10–12 und 17–19, So 10–12 Uhr, vor Besuch im Kloster Bescheid sagen • Eintritt 10 Kuna, Kinder 5 Kuna

WUSSTEN SIE, DASS …

… der Kroate Slavoljub Penkala Anfang des 20. Jahrhunderts als Ingenieur in Zagreb den Kugelschreiber erfunden hat? Im Kroatischen heißt der Kugelschreiber bis heute Penkala.

Sokolarski Centar
► S. 116, B 6

Das bedeutendste Greifvogelzentrum Dalmatiens liegt knapp 10 km außerhalb von Šibenik am Rand des kleinen Dorfes Dubrava Škugori. Im Zentrum werden Falken, Adler, Bussarde und Habichte gehalten. Besucher erleben, wie die Greifvögel gefüttert werden und welche Flugleistungen sie vor den Augen des Publikums erbringen. Fachkundige Erklärungen des Falkners Emilio Mendjušić. Individuelle Besuche sollten möglichst telefonisch abgesprochen werden. Infos zur Wegstrecke nach Dubrava Škugori erhält man auch im Touristenbüro in Šibenik.
Dubrava Škugori bb • Tel. 0 91/5 06 76 10 sowie 5 32 00 67 • www.sokolarskicentar.com • in der Saison tgl. 10–17 Uhr • Eintritt 40 Kuna, Kinder 30 Kuna

👫 Weitere Familientipps sind durch dieses Symbol gekennzeichnet.

Malerisch schmiegt sich ein Café an die
mächtigen Festungsmauern der historischen Altstadt Dubrovniks (▶ S. 77).

Unterwegs an
Kroatiens südlicher Küste

Beeindruckende Monumente aus römischer, venezianischer oder altkroatischer Zeit finden Sie hier. Dazu
kommt ein sympathisches mediterranes Ambiente.

Zadar und Šibenik Die gemütlichen,
eher ruhigen Kleinstädte sind typisch adriatische, stim-
mungsvolle Hafenstädte. Sie haben dem Besucher nicht
nur architektonisch viel zu bieten.

◄ Zadars venezianisch geprägte Altstadt (▸ S. 35) lädt zum Bummeln und zu Museumsbesuchen ein.

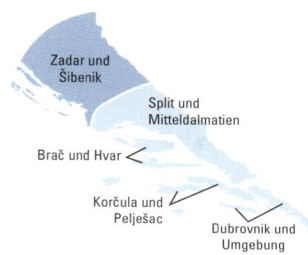

Zadar und Šibenik

Split und Mitteldalmatien

Brač und Hvar

Korčula und Pelješac

Dubrovnik und Umgebung

Wer aus der Metropole Split anreist, erfährt Zadar und Šibenik als gemütliche Kleinstädte, in denen eine angenehme Gemächlichkeit waltet. Auch die Belästigung durch den Autoverkehr ist in beiden Altstädten erträglich. Vor allem in Zadar spürt man einen schwungvollen Aufbruch bei der Restaurierung der historischen Gebäude, Monumente und Überreste der Stadtmauer. Ähnliches erlebt das am Hang liegende historische Zentrum von Šibenik im Umkreis der inzwischen im Außenbereich gründlich restaurierten Kathedrale. Beide Ortschaften verleiten zu Ausflügen auf die vorgelagerten Inseln oder zu Touren ins Hinterland.

Zadar

▸ S. 114, C 2

85 000 Einwohner
Stadtplan ▸ S. 37

Die Altstadt mit den interessantesten historischen Bauwerken liegt auf einer schmalen Halbinsel und lässt sich in einem halben Tag besichtigen. Viele Häuser und Monumente zeigen Bauformen aus der venezianischen Periode der Stadtgeschichte. Man spürt das typische, von Gelassenheit und Flaniervergnügen geprägte Ambiente einer adriatischen Hafenstadt, die in letzter Zeit zunehmend restauriert und verschönert wird.

SEHENSWERTES

Donatuskirche/Sv. Donat und Domkirche St. Anastasia/ Sv. Stošija ▸ S. 37, c 2

Die Rundkirche Sv. Donat aus dem 9. Jh. ist dem Bischof Donatus geweiht, der im 8. und 9. Jh. in Zadar tätig war. Der markante Kirchenbau zählt zu den herausragenden Denkmälern der altkroatischen Architektur. Wegen der besonders guten Akustik in der Kirche finden hier häufig Konzerte statt. Verbunden ist die Kirche mit dem Dom Sv. Stošija, der erst im 14. Jh. vollendet wurde. Sehenswert sind hier vor allem das hölzerne Chorgestühl aus dem 15. Jh., der Sarkophag der heiligen Anastasia und die restaurierte Taufkapelle.

Trg Sv. Stošije • tgl. 9–13 Uhr • Eintritt 10 Kuna

Kirche des Heiligen Simeon/ Sv. Šimun ▸ S. 37, e 2

Die Kirche des Heiligen Simeon (Sv. Šimun), deren älteste Teile aus dem 14. Jh. stammen, zeigt baugeschichtliche Züge des Barock und birgt einen kunstvoll gearbeiteten Sarkophag mit den Gebeinen des Heiligen Simeon. Er wurde im 14. Jh. von italienischen und kroatischen Kunsthandwerkern geschaffen. Mehr als 250 kg Gold und Silber wurden für diese Kostbarkeit verarbeitet. Der pompöse Sarkophag zeigt bildhafte Motive aus der Geschichte sowie die Figur des Heiligen Simeon, dessen Name »Erhörung« bedeutet.

Trg Šime Budinića

Meeresorgel ♀♂   ► S. 37, a 2

Vom einheimischen Architekten Nikola Bašić entworfenes Musikinstrument mit 35 Röhren. Durch die Bewegungen des Meeres wird Luft in die Röhren gedrückt. Dadurch entstehen angenehme, originelle Tonfolgen. Eine viel besuchte Attraktion am Rand der Altstadt.
Istarska obala

Römisches Forum   ► S. 37, b/c 2

Die erhalten gebliebenen Säulen, Kapitelle und Treppenfragmente lassen erkennen, wie groß das Forum einst gewesen sein muss.
Zeleni Trg

MUSEEN

Archäologisches Museum/ Arheološki muzej   ► S. 37, c 2

Gegenüber dem römischen Forum gelegen. Umfassende Sammlung von Funden aus der Steinzeit bis zum Mittelalter. Römische Alltagsgegenstände, Grabbeigaben, Schmuckstücke und Inschriften belegen die Geschichte der Stadt und Dalmatiens. Besonders beeindruckend sind die altkroatischen Exponate wie Grabkeramik, Schmuckstücke und religiöse Objekte.
Trg opatice čike 1 • in der Saison 9–21, ansonsten 9–15 Uhr • Eintritt 15 Kuna

Sv. Marija-Schatzkammer
► S. 37, c 2

Im an das Archäologische Museum angrenzende Benediktinerinnenkloster (Kirche Sv. Marija) zeigt eine Dauerausstellung wundervolle Objekte der Kirchenkunst. Kostbare Reliquienbehälter, Kreuze, Monstranzen, Ikonen, Stickereien, Kelche, Statuen und eine Holzskulptur der zwölf Apostel. Die Sammlung – auch Schatzkammer genannt – lohnt unbedingt eine Besichtigung.
Trg opatice cike 1 (gegenüber der Donatus-Kirche) • Mo–Sa 10–13 und 18–20, So 10–13 Uhr • Eintritt 20 Kuna, Gruppen pro Person 10 Kuna

SPAZIERGANG

Stadtplan ► S. 37

Ausgangspunkt ist die zweigeschossige Rundkirche Sv. Donat im Herzen der Altstadt. Angeschlossen an dieses originale Bauwerk altkroatischer Architektur ist die Kirche Sv. **Stošija** aus dem 14. Jh. In direkter Nachbarschaft liegt das berühmte **Forum** aus der römischen Kaiserzeit mit Säulen, Treppenfragmenten und Kapitellen. Gegenüber befinden sich die beiden bedeutendsten Museen der Stadt: das **Archäologische Museum** mit Funden aus illyrischer, griechischer und römischer Zeit und das **Museum für Gold und Silber Zadars** im Benediktinerinnenkloster. Nach den Museumsbesuchen begeben wir uns auf die **Široka ulica**, die zentrale Einkaufsstraße in der Altstadt. Die Straße bringt uns zum beliebtesten Platz inmitten der Altstadt, dem **Narodni trg**, und dann weiter über die **E. Kotromanić** zur Kirche **Sv. Šimun**, in der der Schrein des Heiligen Simeon, gefertigt aus mehr als 250 kg Gold und Silber, aufbewahrt wird. Am **Trg Petra Zoranića** biegen wir in südwestliche Richtung ab und erreichen nahe der Foša-Bucht die imposante **Zitadelle**. Sie flankiert das südliche Ende der Altstadt. Der wuchtige Befestigungsbau, dessen Innenhof gelegentlich als Freilichtbühne genutzt wird, stammt aus dem Jahr 1548.
Dauer: 2 Stunden

Zadar

In der Kirche Sv. Marija (▶ S. 36) werden Gold- und Silberobjekte gezeigt.

ÜBERNACHTEN

Kolovare ▶ S. 37, östl. f 3

Am Wasser • Großes, modernisiertes Hotel in der Nähe der historischen Sehenswürdigkeiten, direkt am Meer gelegen. Pool, Fitnesszentrum, Konferenzsaal. Klimaanlage in den meisten Zimmern. Praktische Ausstattung.
Bože Peričića 14 • Tel. 0 23/20 32 00 • www.hotel-kolovare.com • 191 Zimmer • €€€

Albin ▶ S. 37, nordöstl. f 1

Modern und ruhig • Nördlich des Stadtzentrums im Viertel Borik gelegene Privatpension mit angeschlossenem Restaurant. Engagiert geführter Familienbetrieb. Saubere, modern eingerichtete Zimmer. Ruhige Lage, gastliches Ambiente. Empfehlenswert ist auch das gastronomische Angebot der angeschlossenen Restaurants. Ganzjährig geöffnet.
Put Dikla 47 • Tel. 0 23/33 11 37 • www.albin.hr • 16 Zimmer • €€

ESSEN UND TRINKEN

Kornat ▶ S. 37, a 2

Blick auf die Bucht • Das anspruchsvollste Restaurant in der Altstadt. Edle, gepflegte Einrichtung. Auf der Karte stehen Meeresfrüchte und Fischgerichte nach typisch dalmatinischen Rezepturen. Auch deftige Fleischgerichte werden gekonnt zubereitet. Attraktive Lage in der Nähe des Hafens. Umfassende Auswahl an kroatischen Weinen. Ausgezeichnet für seine kulinarischen Leistungen und den professionellen Service.
Liburnska obala 6 • Tel. 0 23/25 45 01 • www.restaurant-kornat.com • in der Saison tgl. 12−23 Uhr • €€€

Albin ▶ S. 37, nordöstl. f 1

Delikatessen aus dem Meer • Restaurant der gleichnamigen Familienpension. Muscheln, Langusten, Scampi, Seehecht, Seebarsch, Brassen, auch diverse Fleischspeisen. Engagierter Service.
Put Dikla 47 • Tel. 0 23/33 11 37 • www.albin.hr • in der Saison tgl. 12−23 Uhr • €€

Foša ▶ S. 37, e 3

Am Rand der Altstadt • Fischrestaurant mit Terrasse. Beliebt bei Einheimischen wie Touristen vor allem wegen der reizvollen Lage am Rande der Foša-Bucht nahe der Bastion (Blick auf Inseln und Meer). Durchschnittliches kulinarisches Niveau.
Kralja Dmitra Zvonimira 2 • Tel. 0 23/31 44 21 • www.fosa.hr • in der Saison tgl. 12−23 Uhr • €€

Niko ▶ S. 37, nordwestl. f 1

Fisch, Fisch, Fisch • Rundweg empfehlenswertes, betont gemütliches Restaurant, außerhalb der Altstadt

auf der Halbinsel Puntamika gelegen. Einrichtung im Stil einer Fischertaverne, überdachte Terrasse. Rund 50 Jahre Tradition. Sehr delikat: die Niko-Fischplatte oder die Scampi in rohem Schinken. Das originellste Restaurant am Ort. Angeschlossen ist auch ein Hotel.
Ob. kneza Domagoja 9 • Tel. 0 23/ 33 78 88 • www.hotel-niko.hr • in der Saison tgl. 12–23 Uhr • €€

EINKAUFEN

Maraska   ► S. 37, b 2

Getränkepalette der ortsansässigen Firma Maraska. Fruchtsirup, Destillate, Liköre im dalmatinischen Stil.
Ulica Mate Karamana, Ecke Ulica Jakše Čedomila-Čuke • www.maraska.hr • So geschl.

Tržnica   ► S. 37, d 1

Viel besuchter Bauernmarkt in der Altstadt. Verkauf von Gemüse, Obst, Blumen, Fisch (Ribarnica), Fleisch. Viele Kleinbauern aus dem Hinterland bieten hier ihre Feldfrüchte und andere Waren an.
Dalmatinskog sabora • Mo–Fr bis ca. 13 Uhr

AM ABEND

Cavana Central   ► S. 37, d 2

Originell eingerichtete Cafébar und viel besuchter Treff von Jugendlichen.
Široka ulica 3 • tgl. 12–24 Uhr

SERVICE

ANKUNFT/ABFAHRT
Fähr- und Schiffslinien

Tel. 0 23/21 20 03 (Fährverbindungen nach Italien) • www.jadrolinija.hr

Flughafen

Tel. 0 23/20 58 00 • www.zadar-airport.hr • Flughafenbus der Firma GENE ins Stadtzentrum

Der See Vransko jezero (► MERIAN-Tipp, S. 40) liegt zwischen Zadar und Šibenik. Von den Hängen am Ufer kann man die Inseln des Nationalparks Kornati (► S. 41) sehen.

MERIAN-Tipp

VRANSKO JEZERO ▶ S. 115, D 3

Nahe der Küstenmagistrale zwischen Zadar und Šibenik liegt dieser ca. 12 km lange und bis zu 4 km breite Süßwassersee. Der reizvoll von Hügeln und Feldern umgebene See, der durch einen Kanal mit dem Meer verbunden ist, gilt als bedonders beliebtes Ziel für Angler, die dort vor allem Hechte, Aale, Karpfen und Welse erbeuten.

Die liebliche, unverbaute Landschaft in der Umgebung verlockt auch zu Wanderungen. Restaurants am Ufer oder in der Umgebung bieten Süßwasser-Fischgerichte an. Mehrere beschilderte Fahrrad- und Wanderwege in der Umgebung laden zu sportlichen Aktivitäten ein.

AUSKUNFT

Informationsbüro des Fremdenverkehrsverbandes ▶ S. 37, d 2

Mihe Klaiča 2 (am Narodni Trg) • Tel. 0 23/31 61 66

Zentrale des Fremdenverkehrsverbandes ▶ S. 37, e 2

Ilije Smiljanica 5 • Tel. 0 23/ 21 22 22 • www.zadar.hr und www.tzzadar.hr

Ziele in der Umgebung
◎ **Ugljan und Pašman**

▶ S. 114, B 2–C 3

Die Insel Ugljan ist von Zadar aus in kurzer Zeit mit der Fähre zu erreichen und gilt ebenso wie die Nachbarinsel Pašman – beide Inseln sind durch eine Brücke verbunden – als

beliebtes Naherholungsgebiet. Auf beiden Inseln ist der Anbau von Oliven weit verbreitet.

Eine Fähre verbindet die Küstenstadt **Biograd na Moru** mit der kleinen Ortschaft **Tkon** auf Pašman. Hauptsiedlung auf Ugljan ist der Fährort **Preko**. Ihm ist eine kleine Insel vorgelagert, auf der sich ein für die Öffentlichkeit nicht zugängliches Franziskanerkloster befindet. Die Nachbarortschaft **Kali** war einst ein berühmter Heimatort von Fischern und Seeleuten, die im Ausland gutes Geld verdienten. Lohnend ist von Preko aus der Aufstieg zur Festung **Sv. Mihovil** aus dem 13. Jh. Von oben eröffnet sich ein beeindruckender Blick auf die Nachbarinseln **Iž** und **Dugi Otok**. Im Ort gibt es mehrere kleine Geschäfte, Restaurants und gemütliche Bars, die an den Wochenenden sehr gerne von den Besuchern aus dem nahe gelegenen Zadar aufgesucht werden.

SERVICE

AUSKUNFT

Fremdenverkehrsbüro

Preko, Magazin 8 • Tel. 0 23/ 28 61 08 • www.preko.hr bzw. www.ugljan.hr

Fremdenverkehrsbüro

Pašman, Pašman bb • Tel. 0 23/ 26 01 55 • www.pasman.hr

Šibenik ▶ S. 116, B 6

40 000 Einwohner

Stadtplan ▶ S. 43

Die ehemals von Metall erzeugenden Betrieben beherrschte Wirtschaftsstruktur Šibeniks wird derzeit Schritt für Schritt an zeitgemäße Umweltstandards angepasst. Die Stadt liegt zwischen den beiden

Nationalparks **Krka** und **Kornati** und erhofft sich einen wirtschaftlichen Aufschwung durch den bislang noch nicht stark entwickelten Tourismus.

Verglichen mit anderen Städten an der dalmatinischen Küste ist Šibenik relativ jung. Im Jahr 1066 wurde die Siedlung an der Mündung der Krka zum ersten Mal urkundlich erwähnt. Castrum Sebenici lautete seinerzeit der Name. Nach 1412 wurde die Stadt in die Republik Venedig integriert und erlebte für rund vier Jahrhunderte eine Blütezeit. Zahlreiche Monumente stammen aus dieser Epoche.

Ähnlich wie die Nachbarstadt Zadar wurde Šibenik zwischen 1991 und 1994 von der jugoslawischen Armee beschossen; mehrere Gebäude, darunter die Kathedrale, wurden beschädigt. Inzwischen sind die Schäden behoben. Außerdem wurde die Kirche im gesamten Außenbereich vollkommen gesäubert und restauriert. Im Dezember 2000 wurde die restaurierte Kathedrale von der UNESCO zum Weltkulturerbe erklärt.

SEHENSWERTES

Stadtloggia ▸ S. 43, c 2

Sie stammt aus dem 16. Jh. und barg ehemals das Rathaus der Stadt. Nach der Zerstörung des Gebäudes im Zweiten Weltkrieg wurde die Loggia im ehemaligen Stil rekonstruiert. Die Pracht des Bauwerks mit Arkadenbögen, filigranen Fensterfeldern und einem Balkon, von dem einst die Repräsentanten der Stadt Volksreden hielten, versinnbildlicht die einstige Bedeutung Šibeniks. Im Parterre ist heute ein stilvoll eingerichtetes Café-Restaurant untergebracht.

Trg Republike Hrvatske

Die prächtige Stadtloggia Šibeniks (▸ S. 41) erzählt von der Bedeutung der Stadt im 16. Jh. Das ehemalige Rathaus Šibeniks wurde stilgetreu restauriert.

Sv. Jakov ▶ S. 43, c 2/3

Die Kathedrale der Stadt – Baube-
ginn 1433 unter der Herrschaft Venedigs – gilt als bedeutendster Sakral-
bau ihrer Zeit. Vor allem italienische
Architekten waren in den ersten Jahren am Bau tätig. Spektakulär für die
damalige Zeit: das Tonnengewölbe
aus ineinandergreifenden Steinplat-
ten über dem Hauptschiff. Verwen-
dung fanden der heimische Kalkstein und Marmor der Insel Brač.
In einem Fries um die Apsiden des
Chores sind an der Außenwand 70
steinerne Porträtköpfe zu sehen. Die
individuell gestalteten Köpfe zeigen
Einwohner der Stadt aus dem 15. Jh.:
Fischer, Kinder, Frauen, hoch ge-
stellte Bürger. Geschaffen wurden
die karikaturhaft überzeichneten
Porträtköpfe von Juraj Dalmatinac,
einem 1473 in Šibenik verstorbenen
Bildhauer. Sehenswert im Innern der
Kathedrale ist auch das von Dalmatinac konzipierte Taufbecken (Bap-
tisterij – vorne rechts). Vor dem Gebäude steht eine von Ivan Meštrović
1961 geschaffene Skulptur des Bild-
hauers Juraj Dalmatinac. Er hat als
Leiter der Bauhütte den Bau der
Kathedrale – inzwischen Weltkulturerbe – wesentlich bestimmt.

Trg Republike Hrvatske

MUSEEN

Bunari 👫

▶ Familientipps, S. 31

Stadtmuseum Šibenik/
Muzej Grada Šibenika ▶ S. 43, c 3

Das neben dem Fürstenpalast Kne-
ževa Palača gelegene Muzej Grada
Šibenika widmet sich der frühen
Stadt- bzw. Regionalgeschichte. Zu
sehen sind Objekte aus illyrischer,
vorrömischer und altkroatischer

Zeit. Die Sammlung ist noch im Aufbau begriffen und ist außerhalb der
Saison nur unregelmäßig geöffnet.

Gradska vrata 3 • www.muzej-
sibenik.hr • tgl. 10–13 und 18–
20 Uhr • Eintritt frei

SPAZIERGANG

Stadtplan ▶ S. 43

Der Spaziergang beginnt vor der im
16. Jh. vollendeten **Kathedrale Sv.
Jakov**, dem bedeutendsten historischen Bauwerk der Stadt. Sie liegt
im Zentrum der Altstadt und zu-
gleich in Ufernähe. Direkt gegenüber der Uferstraße liegt das **Stadtmuseum** von Šibenik, in dem eine
Sammlung zur Geschichte der Stadt
zu sehen ist. Durch die **Gradska vrata** gelangen wir zum **Trg Republike
Hrvatske**. Das beherrschende Gebäude ist hier die prächtig verzierte
Stadtloggia (heute mit Restaurant
im Parterre) aus dem 16. Jh. Sie diente einst als Rathaus und lässt in ihrer
architektonischen Größe die einstige
Bedeutung Šibeniks erahnen. Durch
die belebte Altstadtgasse **Kralja Tomislava** mit ihren zahlreichen Ge-
schäften gelangen wir zum **Trg kralja Državslava** und dann weiter zur
großen Durchgangsstraße **Kralja
Zvonimira**. Hier biegen wir in die
Ante Starčevida ein und erreichen
bald den **Tržnica**, den belebten Wochenmarkt. Bei einem Bummel über
den Markt (nur vormittags) endet
der Spaziergang.

Dauer: 2 Stunden

ÜBERNACHTEN

Jadran ▶ S. 43, d 3

An der Uferpromenade • Traditions-
hotel in der Altstadt zwischen Kathedrale und Nikolaus-Kirche gelegen. Manche Zimmer haben einen

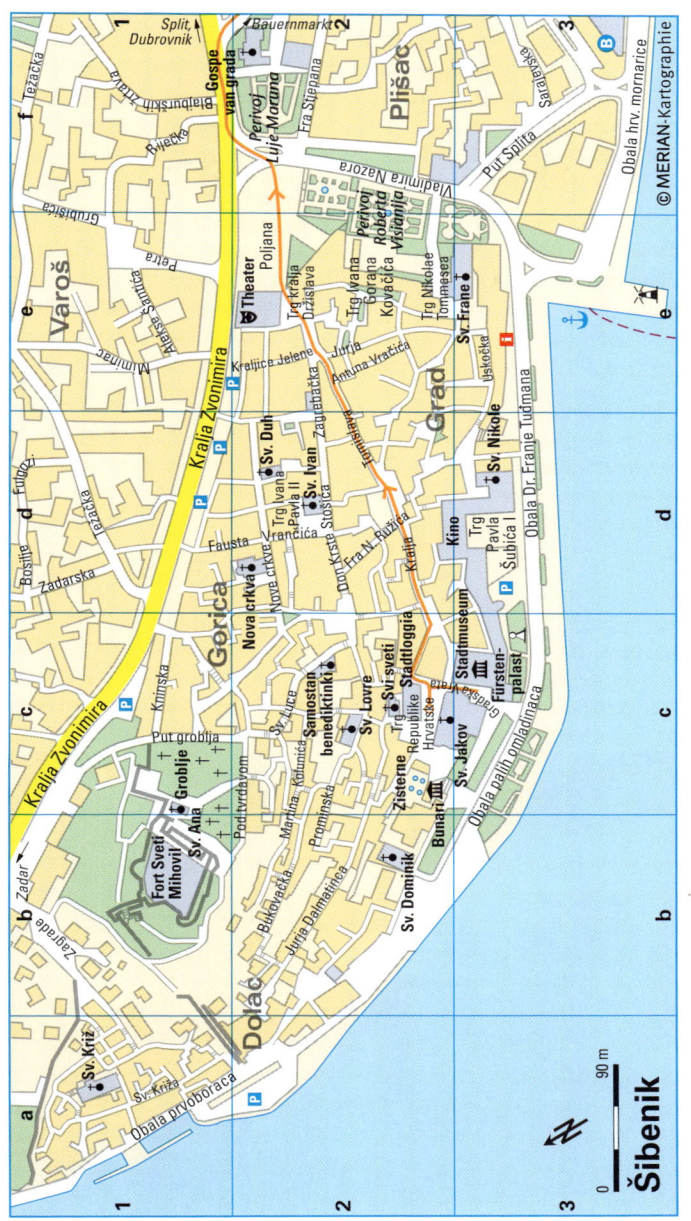

Šibenik

© MERIAN-Kartographie

0   90 m

Blick auf die Uferpromenade und das Wasser der Krka. Nach wie vor bedürfen einige Zimmer und Gesellschaftsräume einer Modernisierung. Obala dr. Franje Tuđmana bzw. Obala oslobodenja 52 • Tel. 0 22/24 20 00 • www.rivijera.hr • 57 Zimmer • €€

ESSEN UND TRINKEN

Zlatna Ribica
▶ S. 116, B 7

Kulinarische Hochkultur • Rund 7 km südlich der Stadt in der Küstensiedlung Brodarica gegenüber der Insel Krapanj gelegen. Anspruchsvollstes Restaurant der Gegend. Hier treffen sich die Reichen und Schönen und Geschäftsleute der Gegend. Großer, edel ausgestatteter Speiseraum. Weiträumige Terrasse direkt am Ufer. Solide zubereitete Fisch- und Fleischgerichte. Ausgesuchte Weinkarte mit bekannten Marken aus Dalmatien, den im Hinterland Kroatiens gelegenen Anbaugebieten und aus Slowenien. Gute Auswahl an Spirituosen. Das Restaurant vermittelt auch Unterkünfte. Brodarica, Krapanjskih spužvara 46 • Tel. 0 22/35 03 00 • www.zlatna-ribica.hr • in der Saison tgl. 12–23 Uhr • €€€€

Dalmatino
▶ S. 43, d 2

Volkstümliches Ambiente • Im Zentrum der Altstadt in einer kleinen Gasse gelegene Taverne mit gemütlicher Einrichtung. Typisch dalmatinische Traditionsgerichte, Hausmannskost ohne besondere Extras. Respektable Weinauswahl. Fra Nikole Ružiča 1 • Mobiltel. 0 91/5 42 48 08 • in der Saison tgl. geöffnet • €€

EINKAUFEN

Suvenirnica NP Krka
▶ S. 43, d 2

Kunsthandwerk, Bilder und Skulpturen von Künstlern aus dem Hinterland sowie Informationen über

Lebhaft geht es zu in der Stadt Murter (▶ S. 45) mit ihren vielen Restaurants und Läden, wenn die Abendkühle in den engen Gassen die Menschen aktiver werden lässt.

den Nationalpark Krka. Der Laden wird von der Nationalparkverwaltung betrieben.
Trg Ivana Pavla II 5 • 7–15 Uhr

Tržnica   ▸ S. 43, östl. f 2

Bauernmarkt im Stadtteil Plišac.
Ante Starčevića • Mo–Sa 7–13 Uhr

SERVICE
ANKUNFT/ABFAHRT
Fährstation (Jadrolinija)
▸ S. 43, e 3

Abfahrten auch zu den Inseln Zlarin, Kaprije und Žirje.
Tel. 0 22/21 34 68 •
www.jadrolinija.hr

AUSKUNFT
Informationsbüro des Fremden-verkehrsverbandes   ▸ S. 43, e 3

Obala Dr. Franje Tuđmana 5 •
Tel. 0 22/21 44 11 und 21 44 48 •
www.sibenik.hr

Ziele in der Umgebung
◎ Krapanj   ▸ S. 116, B 7

Von der Ortschaft Brodarica, ca. 7 km südöstlich von Šibenik gelegen, verkehren Fährboote hinüber zur kleinen autofreien Insel Krapanj, dem bekanntesten dalmatinischen Zentrum der Schwammfischerei. Naturschwämme aus Krapanj werden heute an der ganzen dalmatinischen Adria als Souvenirs verkauft.

SERVICE
AUSKUNFT
Touristenbüro
Krapanj-Brodarica •
Tel. 0 22/35 06 12

◎ Murter   ▸ S. 115, D 3

Die Halbinsel Murter, westlich von Šibenik, ist rund 19 qkm groß und durch eine Drehbrücke mit dem Festland verbunden. Murter besitzt Badebuchten, einen ACI-Yachthafen, Ferienhäuser und Campingplätze. Von hier werden Ausflüge auf die Kornaten organisiert. Hauptorte sind Murter, Betina und Tisno.
30 km nordwestl. von Šibenik

ÜBERNACHTEN
Gina

Familiäre Pension • Beliebte, seit 1969 existierende Familienpension mit vielen deutschen und österreichischen Stammgästen. Vorzügliche Küche. Hauseigene Mole. Juli und Aug. oft ausgebucht. Von Nov. bis Ostern geschl.
Tisno, Put Jazine 9 • Tel. 0 22/43 85 80 • www.gina.hr • 13 Zimmer • €€

AUSKUNFT
Touristenbüro
Rudina bb • Tel. 0 22/43 49 95 •
www.tzo-murter.hr

◎ Primošten   ▸ S. 116, B 7
1500 Einwohner

Knapp 30 km südlich von Šibenik an der Küstenmagistrale gelegene Ortschaft. Das beliebte Touristenziel war ehemals ein Fischerdorf auf einer Insel; heute ist es mit dem Festland durch einen Damm verbunden. Historische Fischerhäuser und Teile der Stadtmauer haben überdauert. Sehenswert ist auch der alte Friedhof. Zahlreiche Tavernen.
28 km südl. von Šibenik

SERVICE
AUSKUNFT
Touristenbüro
Trg Don Ive Šarića 1 • Tel. 0 22/57 19 01 • www.primosten.hr

Split und Mitteldalmatien

Die Metropole der dalmatinischen Küste zeigt alle Aspekte einer quirligen Großstadt. Kroatiens zweitgrößte Stadt ist Kultur- und Handelszentrum der Region.

◄ Der Diokletian-Palast (▸ S. 47) in Split ist nicht nur tagsüber ein beliebter Besuchermagnet.

Kommt man als Tourist von den dalmatinischen Inseln in Split an, spürt man sofort die Hektik, das Verkehrsgetöse und das Menschengedränge einer ausgeprägten Metropole. Aber Split ist mehr als nur Verkehrsknotenpunkt für Fähren und Busse. Gewiss, im Hochsommer machen es Hitze und Autoverkehr anstrengend, die Reize der Stadt zu erleben. Aber die Bemühung lohnt, allein schon wegen des Diokletian-Palastes und der Meštrović-Galerie. Erholung vom urbanen Getümmel findet man auf der Marjan-Halbinsel am Meer oder im Grünen. Und mit dem Bus ist man im Nu in den Erholungsorten an der Makarska Riviera.

Split
▸ S. 117, D 7

200 000 Einwohner
Stadtplan ▸ Klappe hinten

Die nach Zagreb zweitgrößte Stadt Kroatiens hat sich in jeder Hinsicht zur Metropole der gesamten Küstenregion entwickelt. Split hat im Krieg mit Jugoslawien weit weniger gelitten als andere Küstenstädte.

Die Stadt ist vor allem Verkehrsknotenpunkt, Kultur-, Wirtschafts- und Handelszentrum. Anders als auf den Inseln oder in kleineren Küstenortschaften spürt man hier das rasante, stets von Menschengedränge geprägte Ambiente einer Großstadt. Der Tourist erlebt Split zumeist als Tagesbesucher oder auf der Zwischenstation zu den vorgelagerten Inseln. Über den großen, im Sommer stets stark bevölkerten Fährhafen ist Split mit den beliebten Urlaubsinseln Šol-

ta, Brač, Hvar, Korčula oder mit den weiter draußen in der Adria gelegenen Inseln Vis und Lastovo verbunden. Nach wie vor gilt der Diokletian-Palast als das am meisten besuchte touristische Ziel. Wer im Sommer kommt und zu den Inseln weiterreisen will, sollte in chaotischen Getümmel der Fährstation Geduld und gute Nerven mitbringen.

SEHENSWERTES
Diokletian-Palast/ Diokletijanova Palača ⭐2
▸ Klappe hinten, b 1

Diese für Kaiser Diokletian erbaute Palastanlage, entstanden zwischen 295 und 305, ist heute das imposanteste Denkmal römischer Zeit in Dalmatien. Der Gebäudekomplex umfasste eine Größe von 180 mal 125 m und wurde als römische Villa und Festung mit Wachtürmen und wehrhaften Mauern (18 m hoch und 2 m dick) angelegt. Viele Broschüren über den Diokletian-Palast enthalten eine interessante Zeichnung, die verdeutlicht, wie das fast quadratische Gebäude in der Antike vermutlich ausgesehen hat. Überdauert haben zum Teil die äußere Befestigungsmauer mit ihren Toren und einige Gebäudeteile im Innern. Sehenswert sind beispielsweise die Überreste des Peristyls, wo sich der

Kaiser seinerzeit seinen Untertanen und offiziellen Gästen zeigte. Der von korinthischen Säulen umrahmte Innenhof ist heute eine grandiose Kulisse für Terrassencafés. Vom Peristyl aus erreicht man über Stufen die Kathedrale Sveti Duje (Heiliger Dominius), ehemals das Mausoleum des Kaisers Diokletian. Nach dem

---

WUSSTEN SIE, DASS …

… die südliche kroatische Region Dalmatien ihren Namen von einem illyrischen Stamm ableitet? Die Delmaten oder Dalmaten ließen sich im 2. Jahrtausend v. Ch. im Raum östlich der Adria nieder.

Tod des Kaisers Diokletian im Jahre 313 wurde der Palast zunächst als Zufluchtsort verbannter Despoten und Mitglieder der kaiserlichen Familie benutzt. Ab dem Jahr 600 residierten hier die oströmischen Statthalter. Nachdem die Siedlung Salona im Jahre 614 von den Awaren und Slawen zerstört worden war, flüchteten viele Bürger aus Salona in den nahe gelegenen Diokletian-Palast. In der Folgezeit entwickelte sich um den Palast herum die Stadtgemeinde Spalatum, aus der später die Stadt Split hervorging.
Dioklecijanova

Dominiuskathedrale/Sv. Duje
▸ Klappe hinten, b 2

Der antike Bau wurde im 10. Jh. zur Kathedrale des Bistums Split geweiht. Er zeigt im Innern beeindruckende Werke der Steinmetzkunst, darunter die Porträts des Kaisers Diokletian sowie seiner Frau Prisca. Unbedingt betrachtenswert ist das monumentale Hauptportal. Es ist verziert mit 28 aus Walnussholz gearbeiteten Türfeldern, die Szenen aus dem Leben Christi veranschaulichen.
Krešimirova

MUSEEN

Archäologisches Museum/Arkeloški Muzej ▸ Klappe hinten, d 2

Funde aus der römischen Siedlung Salona (heute Solin).
Zrinsko – Frankopanska ulica 25 • Juni–Sept. Mo–Sa 9–14 und 16–20, Okt.–Mai Mo–Fr 9–14 und 16–20, Sa 9–14 Uhr • Eintritt 20 Kuna, Kinder 10 Kuna

Meštrović-Galerie/Galerija Meštrović ▸ Klappe hinten, a 5

Berühmte, viel besuchte Ausstellung der Werke von Ivan Meštrović (1883 bis 1962), dem bedeutendsten und prominentesten Bildhauer Kroatiens. In der auf der Marjan-Halbinsel gelegenen Galerie sind viele sehr eindrucksvolle Holz- und Metallskulpturen des großen Meisters zu sehen sowie das ehemalige Wohnzimmer. Arbeiten aus Walnuss- oder Lindenholz zeigen religiöse Motive. Auch Typen aus dem dalmatinischen Hinterland, wo Meštrović einst als einfacher Schäfer tätig war, zeigt die Ausstellung. Die gestalteten Männer und Frauen zeichnen sich durch einen individuellen Gesichtsausdruck und oft rustikale Gliedmaßen aus. Beeindruckend sind auch die von Meštrović geschaffenen Körper mit langen Fingern und übergroßen Füßen, die auch im Park zu sehen sind.
Šetalište Ivana Meštrovića 46 • Tel. 0 21/34 08 00 • Di–So 9–19, Winter Di–Sa 9–16, So 10–15 Uhr • Eintritt 30 Kuna, Kinder, Studenten, Rentner 15 Kuna

Museum Kroatischer Archäologischer Denkmäler/Muzej Hhrvatskih Arheoloških Spomenika

▶ Klappe hinten, a/b 5

Funde aus altkroatischer Zeit. Waffen und Zaumzeug aus dem 8. bis 10. Jh., Grabbeigaben wie Ohr-, Finger- und Haarringe, Steintafeln und Taufbecken aus dem 9. bzw. 10. Jh. Stjepana Gunjace bb • www.mhas-split.hr • Mo–Fr 9–16, Sa 9–14 Uhr • Eintritt 10 Kuna, Kinder 5 Kuna

SPAZIERGANG

Er könnte beim großen Wochenmarkt nahe der **Sv. Dominik-Kirche** beginnen und führt zunächst zum **Diokletian-Palast** und zur **Kathedrale**. Achten Sie bei der Kathedrale unbedingt auf die monumentale Pforte. Sie wurde 1214 aus Walnussholz geschaffen und zeigt eine Vielzahl von handgeschnitzten Szenen aus dem Leben Christi. Nach der Besichtigung der Kathedrale gehen wir über die belebte **Krešimirova** und den **Narodni trg**, den zentralen und stets belebten Platz in der Altstadt. Der Spaziergang führt weiter über die Gasse **Kraj Sv. Marije**. Hier konzentrieren sich Einzelhandelsläden, darunter auch Geschäfte für typisch dalmatinische Spezialitäten. Wir gehen weiter, überqueren die Marmontova und erreichen den **Trg Republike**. Er ist an drei Seiten von Gebäuden im Stil der Neorenaissance eingefasst, die in der zweiten Hälfte des vergangenen Jahrhunderts – inspiriert von der Architektur Venedigs – entstanden sind. Zur Seeseite hin liegt das altehrwürdige, leider etwas heruntergekommene Hotel Bellevue. Ihm angeschlossen ist ein Terrassencafé mit schönem Blick über den Platz und die flankierenden Gebäude. Hier mundet ein Erfrischungsgetränk besonders gut. Auch die breite Uferpromenade mit

Die Dominiuskathedrale (▶ S. 48) beeindruckt mit historischer Kirchenkunst.

schönen Cafés bietet sich für eine Pause an. Über die Uferpromenade gelangen wir zurück zum Markt. **Dauer: 3 Stunden**

ÜBERNACHTEN

Le Méridien Lav ▶ S. 118, C 9

Komfort auf allen Ebenen • Fünf-Sterne-Hotel auf hohem Niveau. 8 km südlich von Split in der Ortschaft Podstrana gelegen. Eigener 800 m langer Strand, schöner Blick auf Split und die umliegenden Inseln. Subtropische Gartenanlagen. Großzügig geschnittene Zimmer mit italienischem Interieur. Acht Restaurants, Casino, Wellnesscenter, Jacuzzi, Marina mit ca. 60 Liegeplätzen.

MERIAN-Tipp 4

RESTAURANT KONOBA VAROŠ
▸ Klappe hinten, d 4

Das Restaurant liegt im ehemaligen Fischer- und Bauernviertel von Split und imponiert seit Jahrzehnten durch eine gelungene Mischung aus rustikaler und dennoch gepflegter Gemütlichkeit und einem vortrefflichen Angebot an dalmatinischen Traditionsgerichten. Auch das Verhältnis zwischen Preis und Leistung überzeugt. Die hausgemachten Fisch-, Gemüse- und Fleischgerichte sind von respektabler Originalität. Reservierung im Sommer ratsam.
Split, Ban Mladenova 7 • Tel. 0 21/ 39 61 38 und 0 21/34 14 56 • www.konobavaros.com • tgl. 9–24 Uhr • €€€

Grijevačka 2A, Podstrana • Tel. 0 21/50 05 00 • www.lemeridien lavsplit.com • 381 Zimmer • €€€€

Vestibul
▸ Klappe hinten, b 2

Elegant • Auch als Villa Dobrić bezeichnetes Luxushotel in den historischen Mauern des Diokletian-Palastes. Restaurant, Bar, Transfer zum Flughafen, Parkplatz. Viel Design und Komfort.
Iza Vestibula 4 • Tel. 0 21/32 93 29 • www.vestibulpalace.com • 7 Zimmer • €€€€

Jadran
▸ Klappe hinten, b 6

Ruhige Lage • Die modernisierte und umgebaute Version des ehemaligen Hotel Jadran Koteks. Nahe der ACI-Marina am Ufer der Marjan-Halbinsel gelegen. Zehn Gehminuten bis zur Altstadt. Sauna, Wellness-Zentrum. Angegliedertes Schwimmbad, Bar, Restaurant, Parkplatz.
Sustjepanski put 23 • Tel. 0 21/ 39 86 22 • www.hoteljadran.hr • 30 Zimmer • €€€

Dujam
▸ Klappe hinten, östl. f 2

Schlicht und preiswert • Etwas außerhalb der Altstadt gelegenes Zwei-Sterne-Hotel. Zu Fuß von der Altstadt in 25 Minuten oder per Bus mit der Linie 9 ab dem Fährhafen zu erreichen. Saubere, einfach ausgestattete Zimmer, kein Aufzug. Mäßiges Frühstück, freundlicher Service. Größter Vorzug ist der für Split relativ günstige Preis. Angeschlossene Jugendherberge (Omladinski Hostel). Viel jugendliches Publikum.
Velebitska 27 • Tel. 0 21/53 80 25 und 53 80 27 • www.hoteldujam. com • 33 Zimmer und 2 Apartments • €€

ESSEN UND TRINKEN

Boban
▸ Klappe hinten, östl. f 6

Kulinarische Spitzenklasse • Luxuriös und edel ausgestattetes Privatrestaurant seit 1973. Beliebt bei Geschäftsleuten, Politikern, Prominenten. Eines der anspruchsvollsten Restaurants in Dalmatien. Gekonnt zubereitete Meeresfrüchte, Fisch- und Fleischgerichte. Reservierung erforderlich.
Hektorovićeva 49 • Tel. 021/54 33 00 • www.restaurant-boban.com • Mo–Fr 11–24, Sa, So 12–24 Uhr • €€€€

EINKAUFEN

Glavna tržnica ▸ Klappe hinten, b 2
Großer Wochenmarkt in der Altstadt und einer der größten in Dalmatien. Haushaltsartikel aller Art, Obst, Gemüse, Blumen, großes Fischangebot.

Hrvojeva (nahe Kirche Sv. Dominik) •
Mo–Sa ab 7 Uhr, teilweise auch So

Šera ▸ Klappe hinten, b 1

Anspruchsvolle Galerie. Glasmale-
rei, Bilder mit naiv gemalten ländlichen Motiven.
Dioklecijanova 2 • Mo–Sa 10–22 Uhr

SERVICE
ANKUNFT/ABFAHRT
Flughafen
▸ Klappe hinten, nordöstl. f 1

Tel. 0 21/20 35 55 • www.split-
airport.hr

Fährhafen ▸ Klappe hinten, e 6

Tel. 0 21/33 83 33 und 33 83 04 •
www.jadrolinja.hr

AUSKUNFT
Croatia Airlines Stadtbüro
▸ Klappe hinten, d 4

Obala Hrvstkog narodnog prepo-
roda 9 • Tel. 0 21/36 29 97, Reservierung Tel. 0 62/77 77 77 •
www.croatiaairlines.hr

Informationsbüro des Fremden-
verkehrsverbandes
▸ Klappe hinten, b 1–2

Peristil/Crkvica Sv. Roka (in der
Altstadt) • Tel. 0 21/34 56 06 und
33 98 98 • www.visitsplit.com

Ziele in der Umgebung
◎ Solin ▸ S. 117, D 7

Zu sehen sind hier die Überreste
der antiken Siedlung Salona, die
in römischer Zeit Metropole der
römischen Provinz Dalmatien war
und ca. 60 000 Einwohner umfasste.
Berühmtester Sohn aus der Umgebung von Salona ist Diokletian.
Die Siedlung war schon in illyrisch-
griechischer Zeit bedeutend und
wurde von den Römern mit Hafen-
anlagen und Thermen versehen.
www.solin.hr
6 km nördl. von Split

Auf der palmenbestandenen Uferpromenade (▸ S. 49) am Hafen von Split gibt es viel
zu sehen. Hier fühlen sich Fußgänger, Radfahrer und Müßiggänger wohl.

◎ **Trogir** ❸   ▸ S. 116, C 7

8500 Einwohner

Die viel besuchte Küstenstadt verfügt über einen kompakten mittelalterlichen Altstadtkern mit bedeutenden Monumenten (UNESCO-Weltkulturerbe). Der Name der Stadt geht auf die griechische Bezeichnung Tragurion (Siedlung am Ziegenberg) zurück.

Die von Wehrmauern umschlossene Altstadt mit ihren Palastbauten, Kirchen und Bürgerhäusern entstand im Wesentlichen zwischen dem 13. und 17. Jh. Bedeutendstes Bauwerk ist die imposante Kathedrale **Sveti Lovro** (angeschlossen ist ein Kathedralenmuseum), mit deren Bau um das Jahr 1200 begonnen wurde. Als Meisterwerk der Bildhauerkunst gilt das großartige Hauptportal aus dem 13. Jh. Besonders interessant sind die Allegorien der zwölf Monate. Zudem sind Adam und Eva, Apostel- und Heiligenfiguren, Tier- und Pflanzenmotive sowie in der Kathedrale die Taufkapelle beachtenswert. Im Inneren der Kathedrale beeindruckt vor allem die Taufkapelle Sv. Ivan Ursini. Sie gilt als bedeutendes Denkmal der Renaissance und stammt aus dem 15. Jh. Mittelpunkt des Altstadtensembles ist der Trg Ivan Pavia II.

25 km westl. von Split

ÜBERNACHTEN

Concordia

Herzlicher Service • Kleines Familienhotel in der Altstadt an der Uferpromenade. Moderne, hinreichend zweckmäßige Ausstattung. Ganzjährig geöffnet.

Obala bana Berislavića 22 • Tel. 0 21/88 54 00 • www.concordia-hotel.net • 14 Zimmer • €€

Fontana

Nahe beim Sporthafen • 1999 eröffnetes Privathotel in der Altstadt. Moderne Einrichtung. Drei Sterne. Bar und Sonderkonditionen im benachbarten Restaurant Fontana. Günstige Lage nahe des Sporthafens. Klimaanlage, kostenloses Parken. Nicht immer befriedigender Service.

Obrov 1 • Tel. 0 21/88 57 44 • www.fontana-trogir.com • 13 Zimmer, 1 Suite • ganzjährig geöffnet • €€

SERVICE

AUSKUNFT

Fremdenverkehrsbüro

Obala bana Berislavića 12 • Tel. 0 21/88 14 12 • www.trogir.hr

Makarska   ▸ S. 119, E 10

12 000 Einwohner

Rund 60 km lang ist diese von den Felswänden des Biokovo-Gebirges überragte Küstenzone, die bereits in den 70er-Jahren des 20. Jh. zu einem der beliebtesten Urlauberzentren der ganzen dalmatinischen Adria avancierte. Hauptorte der gesamten **Makarska Riviera** ❹ mit ihren rund 27 000 Einwohnern sind Makarska, Brela, Tučepi und Baška Voda; auch Podgora, Igrane, Drvenik, Zaostrog und Gradac gelten als viel besuchte Ferienzentren. Die gesamte touristische Infrastruktur konzentriert sich auf den schmalen Landstreifen zwischen den steilen Hängen des Biokovo-Gebirges und der Küste. Dazwischen verläuft die stark frequentierte Küstenmagistrale. Unbedingt lohnend ist ein Ausflug in das gebirgige Hinterland.

Touristisches Zentrum der Riviera ist die Ortschaft Makarska. In unmittelbarer Küstennähe befinden sich Hotels, Restaurants und Ge-

Bergwanderer genießen den weiten Ausblick auf dem anstrengenden Weg von der Ortschaft Makarska (▶ S. 52) zum Berg Vosac, dem steinigen Gipfel in der Mitte.

schäfte. Die engen Gassen der Altstadt ziehen sich den Hang empor. 50 km südöstl. von Split

MUSEEN

Muschelmuseum/ Malakološki muzej
▶ Familientipps, S. 31

Privatmuseum 👪

Kleine, kuriose, von Herrn Jure Glavičić betreute Sammlung von konservierten Muscheln, Fischen, Seesternen und Weichtieren.

Fra Filip Grabovca (gegenüber Nr. 11, in der Altstadt) • in der Saison tgl. 9–12 und 16–19 Uhr geöffnet

ÜBERNACHTEN

Biokovo

Zentrale Lage • Professionell und modern geführtes Hotel nahe der Fährstation. Wellness-Bereich. Empfehlenswertes Stadthotel. Ganzjährig geöffnet.

Obala Kralja Tomislava bb • Tel. 0 21/ 61 52 44 • www.hotelbiokovo.hr • 55 Zimmer • €€€

Meteor

Nahe dem Strand • Komfortables und modernes Hotel. Pool, Tennisplätze, Wellness-Zentrum. Leider ziemlich laut.
Petra Krešimira IV bb • Tel. 0 21/ 61 66 22 • www.hoteli-makarska.hr • 227 Zimmer • €€€

ESSEN UND TRINKEN
Jež

Herzhafte Fischgerichte • Kleines, vor allem bei Einheimischen beliebtes Restaurant, gegenüber dem Hotel Dalmacija gelegen. Gepflegtes Ambiente. Sehr delikat: die Fischlasagne und die Jež-Platte.
Petra Krešimira IV 90 • Tel. 0 21/ 61 17 41 • tgl. 12–24 Uhr • €€

Riva

Erfahrung und Tradition • Seit 1980 existierendes, großes, bei vielen Touristen beliebtes Restaurant direkt im Stadtzentrum an der Uferstraße. Terrasse. Das Lokal ist ein echter Klassiker!
Obala Kralja Tomislava 7 a • Tel. 0 21/ 61 68 29 • tgl. geöffnet • €€

SERVICE
ANKUNFT/ABFAHRT
Hafen

Obala Kralja Tomislava 1 A • Tel. 0 21/61 19 77
(Fährverbindungen nach Sumartin auf der Insel Brač)

AUSKUNFT

Informationen erhalten Sie unter www.makarska-croatia.com sowie www.makarska-info.hr.

Informationsbüro

Obala Kralja Tomislava 16 • Tel. 0 21/61 20 02

Ziele in der Umgebung

◎ Brela ► S. 119, D 10
2000 Einwohner

Beliebtes touristisches Zentrum mit gut entwickelter Infrastruktur und berühmten Kieselstränden, den attraktivsten an der ganzen Makarska Riviera. Die Süßwasserquellen im Meer geben dem Wasser seine charakteristische Färbung.
33 km südöstl. von Split

◎ Duge Njive ► S. 119, F 10
100 Einwohner

Winziger Weiler ca. 25 km von Makarska aus im Hinterland an der Straße in Richtung Vrgorac gelegen. Hier treffen sich die Einheimischen an Wochenenden, um in zünftigem Ambiente Ziegen- oder Lammfleisch vom Grill zu essen.
In diesem Sinne besonders zu empfehlen ist die populäre und beliebte Gaststätte Restoran Olimp (Tel. 0 21/60 76 79). Weitere volkstümliche Restaurants, wegen ihrer Grillgerichte geschätzt, liegen rechts und links der Straße.
75 km südöstl. von Split

◎ Tučepi ► S. 119, E 10
1800 Einwohner

Schon in illyrischer und römischer Zeit gab es an dieser Stelle Siedlungen. Heute ist hier direkt an der 4 km langen Küste mit schönen Kiesstränden ein modernes touristisches Zentrum mit einem kleinen Bootshafen entstanden. Die meisten Gehöfte und Bauernhäuser lagen ehemals am Hang oberhalb der Küste in Gornje Tučepi, wo sie vor Seeräubern besser geschützt waren. Ab dem 18. Jh. verlagerte sich die Ortschaft an die Küste.
55 km südöstl. von Split

SEHENSWERTES

Wanderrouten am Hang von Gornje Tučepi
▸ S. 119, E 10

Die Touristikbehörde von Tučepi hat Wanderrouten oberhalb des Ortes ausgeschildert. Sie führen durch eine fruchtbare Hanglandschaft und eröffnen weite Blicke auf die Küste und das Meer. Historische Gebäude, Kirchen, Türme und Grotten liegen am Wegesrand. Quellen löschen in der warmen Jahreszeit den Durst.
Infos und eine Routenkarte beim Fremdenverkehrsverband von Tučepi, Kraj 103 • Tel. 0 21/ 62 31 00 • www.tucepi.com

ÜBERNACHTEN

Alga 👫

Bewährtes Strandhotel • Großes, modernes, 1995 komplett renoviertes Hotel mit einem herausragend guten Serviceangebot. Beliebt auch bei deutschen Reiseveranstaltern. Klimaanlage, Pool, Kinderspielplatz, Bars, Restaurant, Tennisplätze, Konzertterrasse, eigene Parkplätze. Viele Zimmer haben Meerblick. Angeschlossen ist auch die Apartmentanlage Afrodita mit komfortabel eingerichteten Ferienhäusern.
Dračevice 35 • Tel. 0 21/60 12 02 • www.bluesunhotels.com • 327 Zimmer und 3 Suiten • €€

ESSEN UND TRINKEN

Gusari

Dalmatinische Rezepturen • Schöne Lage am Meeresufer. Große Terrasse. Kompetenter Service, viele Stammgäste. Das anspruchsvollste Restaurant der Ortschaft. In der Saison ist die Terrasse fast jeden Abend besetzt. Reservierung angeraten.
Dračevice 38 • Tel. 0 21/62 30 85 • in der Saison tgl. bis 23 Uhr • €€

MERIAN-Tipp 5

RESTAURANT JENY
▸ S. 119, E 10

Rund 3 km oberhalb der Ortschaft in Gornje Tučepi an der Straße in Richtung Vrgorac gelegen. Dem Restaurant angeschlossen sind auch Fremdenzimmer. Terrasse mit wundervollem Blick auf Tučepi und die Küste; allein diese Aussicht macht den Besuch lohnenswert. Ausgefallen zubereitete Fisch-, Fleisch- und Nudelgerichte. Spezialität: Rindersteak mit Scampi gefüllt. Freundlicher Service. Mehr als 20 Jahre Erfahrung.
Tučepi, Gornje Tučepi 33 • Tel. 0 21/62 37 04 • www.restaurant-jeny.hr • tgl. 18–24 Uhr • €€

Konoba Ranč

Schlichte Volkstümlichkeit • Gartenlokal nahe dem Ortsausgang in Richtung Ploče gelegen. Schöne Terrassen unter alten Olivenbäumen. Unter der Metallglocke »izpod peke« saftig gebratene Ziegen- und Lammgerichte. Das Gartenlokal liegt am Rand eines Netzes von Wanderwegen. Sie verlaufen am Hang oberhalb von Tučepi entlang durch üppige, teils kultivierte Natur. Weite Blicke auf Küste und Inseln.
Kamena 62 • Mobiltel. 0 98/28 61 18 sowie 0 21/62 35 63 • nur Juni–Okt. 18–24 Uhr • €

SERVICE

AUSKUNFT
Fremdenverkehrsverband
Kraj 103 • Tel. 0 21/62 31 00 • www.tucepi.com

Brač und Hvar
Das sonnenreiche Klima und die prächtige Vegetation mit Ginster, Salbei und Lavendel haben hier den Tourismus ebenso gefördert wie die vielfältigen Wandermöglichkeiten.

◄ Schöne Stimmung: Fischerboote im geschützten Hafen von Stari Grad (► S. 64) auf der Insel Hvar (► S. 61).

Typisch für beide Inseln: Der Tourismus konzentriert sich auf einige Küstenstädte. Aber jenseits dieser touristischen Zentren findet der Besucher weite, noch nicht für Siedlungszwecke genutzte Landschaften mit zumeist artenreicher Vegetation und markanten Karsterscheinungen. Ein beeindruckendes Bild bietet beispielsweise die Ginster- und Salbeiblüte im Mai sowie die Lavendelblüte im späten Sommer. Vor allem auf der Insel Hvar ist die traditionsreiche Weinkultur in den letzten Jahren modernisiert worden. Verlockende Wandermöglichkeiten gibt es auf beiden Inseln, allerdings kaum auf markierten Wegen.

Brač   ► S. 118, C/D 10

Die fast 40 km lange und maximal 13 km breite, gebirgige Insel ist die größte dalmatinische und die drittgrößte Insel in der kroatischen Adria. Seit Jahrhunderten wird der weiße Kalkstein aus Brač für Monumente und Prachtbauten in aller Welt verwendet. Auch für das Weiße Haus in Washington, den Reichstag in Berlin, das Parlamentsgebäude in Wien oder den Diokletian-Palast in Split wurde der auf Brač gebrochene Stein verwendet.

Gleichfalls berühmt ist das sonnenreiche Klima. Auf der Insel gedeihen Mandarinen und Kiwis. Auf den Kräuterwiesen im zentralen, wenig besiedelten Bergland leben viele Schafe; aus ihrer Milch wird ein höchst begehrter, würziger Käse hergestellt. Auch das Olivenöl von Brač gilt als besonders aromatisch.

Der Tourismus konzentriert sich auf die Orte **Supetar** an der Nord- und **Bol** an der Südküste. In beiden Orten gibt es eine beachtliche Zahl an Hotels sowie Fremdenzimmern bei Familien. Die Insel verfügt über einen Flugplatz, der in der Saison auch direkt aus Deutschland und Österreich angeflogen wird.

Bol   ► S. 118, C 10

1300 Einwohner

Bol, zu Füßen der schroffen Felshänge des Vidova Gora gelegen, kann reizvolle Strände vorweisen. Der berühmteste ist der **Zlatni rat** ⭐ westlich der Ortschaft. Diese schmale Landzunge wächst an ihrer Spitze um 30 cm pro Jahr.

Hervorzuheben sind auch die guten Surfbedingungen vor der Küste von Bol. Hier fanden bereits internationale Surfwettbewerbe statt.

Empfehlenswert für Naturfreunde sind die Wanderungen von Bol aus längs der Südküste der Insel. Hier liegt auch der Weiler Murvica mit einer Einsiedelei und Resten eines Klosters aus dem 15. Jh.

SEHENSWERTES
Zlatni rat ⭐

Der berühmteste Strand Dalmatiens liegt wenige Kilometer westlich des Ortes. Goldenes Horn ist sein Name, abgeleitet von der hornähnlichen Form der Landzunge und der fast goldenen Farbe der feinen Kiesstruktur. Etwa 500 m ragt diese schmale Landzunge ins Meer.

Im Gegensatz zu vielen anderen Stränden Dalmatiens, die aus mehr oder weniger grobem Kies oder Steinen bestehen, beeindruckt der Zlatni rat durch feinporigen Kies. Dies gilt übrigens auch für die angrenzenden Strände vor allem östlich der Landzunge.

MUSEEN

Dominikanerkloster/ Dominikanski samostan

Im Dominikanerkloster aus dem 15. Jh. zeigt das Klostermuseum Kirchenkunst, Münzen, Mess- und Gesangbücher, Gemälde, Monstranzen, Ikonen, Madonnen. Zu sehen ist auch ein Gemälde aus der Schule Tintorettos aus dem Jahre 1563 sowie das Rechnungsbuch des Klosters aus den Jahren 1520 bis 1736. Erläuterungen in Deutsch und Englisch. Das Kloster verfügt auch über einen alten Weinkeller (eigene Weinherstellung) sowie Fremdenzimmer mit Verpflegung.

Šetalište A. Rabadana 4 • tgl. 9–12 und 17–19 Uhr • Eintritt 10 Kuna

ÜBERNACHTEN

Borak 🍴🍴

Nahe dem Strand • Großes Vier-Sterne-Hotel mit Schwimmbad, Fitnesscenter, Videosalon, Kinderclub, vielerlei Sportangebote, Restaurant, Tanzterrasse. Internationales Publikum.

Bei Zlatni rat • Tel. 0 21/30 62 02 • www.bluesunhotels.com • 133 Standardzimmer, 48 Familienzimmer • €€€

Bretanide

Sportlich • Größtes Hotel am Ort. Hohes Niveau, das sich am internationalen Publikum orientiert. Wie das benachbarte Hotel Elaphusa direkt an der Strandzone gelegen. Pool, Pizzeria, Wellness- und Sportmöglichkeiten vorhanden. Kinderclub und Jugendtreff.

Zlatni rat • Tel. 0 21/74 01 40 • www.bretanide.at • 260 Zimmer und 27 Suiten • €€€

ESSEN UND TRINKEN

Konoba Gušt

Dalmatinischer Charakter • Gemütliche Konoba im Ortszentrum hinter dem Hotel Kaštil in Hafennähe. Rustikale Einrichtung mit Antiquitäten und Objekten aus dem Landleben. Serviert werden kleine Happen und einfache schmackhafte Gerichte. Salate, Schafskäse, Schinken, marinierter Thunfisch, Fisch- und Nudelgerichte. Dalmatinische Weine und Spirituosen.

Frane Radića 14 • Tel. 0 21/63 59 11 und Mobiltel. 98 42 30 03 • bis 2 Uhr • €€

Pizzeria/Restaurant Topolino

Gepflegte Gastlichkeit • Direkt am Meer gelegenes Restaurant des Hotels Kaštil im Ortszentrum. Gediegenes Interieur. Nudelgerichte und Fischfilets in verschiedenen Saucen, große Auswahl an Pizzen. Terrasse.

Frane Radića 1 • Tel. 0 21/63 59 95 • www.kastil.hr • in der Saison tgl. bis 23 Uhr • €€

SERVICE

AUSKUNFT

Fremdenverkehrsbüro

Porat bolskih pomoraca • Tel. 0 21/ 63 56 38 • www.bol.hr

Škrip

► S. 118, C 10

200 Einwohner

Der ca. 12 km südöstlich von Supetar gelegene Ort im Inselinneren ist die älteste Siedlung auf der Insel und war bereits zur Zeit der Illyrer und Römer besiedelt. Der viel besuchte Weiler verfügt über einen alten Friedhof; von ihm aus eröffnet sich ein grandioser Blick auf ein fruchtbares Tal. Im Radojkovič-Turm, errichtet im 16. Jh. über einem römischen Mausoleum, ist heute das sehenswerte Heimatmuseum der Insel Brač untergebracht. Der Turm weist drei historische Bauschichten auf: eine illyrische, eine römische und eine kroatische. Nahe dem Radojkovič-Turm befindet sich ein Aussichtsturm und ein Friedhof mit einer dem Heiligen Geist geweihten Friedhofskirche. Die benachbart gelegene St.-Helena-Pfarrkirche, mit deren Bau im Jahre 1768 begonnen und die im 19. Jh. fertiggestellt wurde, verfügt über so dicke Mauern, dass die Treppen ins Mauerwerk verlegt werden mussten.

MUSEEN

Brački muzej

Interessante Objekte aus allen Siedlungsepochen der Insel Brač. Illyrische und römische Denkmäler, Mahlsteine aus Olivenmühlen, viele Objekte aus dem in Steinbrüchen gewonnenen »Brač-Marmor«. Gegenstände aus dem ländlichen Leben: Mausefallen, Käsepressen, Karbidlampen, Spinnräder, Schäferjacken, Truhen, Schränke, Trachten. Dazu eine Büste des Kaisers Franz Josef, der 1875 die Insel besuchte.
Im Haus Radajković • Tel. 0 21/ 63 70 92 sowie 0 91/6 37 09 20 • in der Saison tgl. 8–20 Uhr, sonst nach Vereinbarung • Eintritt 15 Kuna, Kinder 10 Kuna

Auf der gebirgigen Insel Brač (► S. 57) liegt der Ort Bol mit schönen Stränden. Von oben hat man einen schönen Blick auf das Dominikanerkloster (► S. 58).

Das Zentrum der Stadt Hvar (▶ S. 61) sind der Hafen und sein Hauptplatz, der von historischen Gebäuden und schönen Terrassen-Cafés stilvoll eingerahmt wird.

Supetar   ▶ S. 117, D 8
3000 Einwohner

Supetar – per Fähre von Split aus zu erreichen – hat fast das ganze Jahr hindurch Saison und gilt als beliebte Station für Taucher. Mehrere Restaurants bieten Spezialitäten der Insel an, darunter den weithin gerühmten Schafs- und Ziegenkäse.

SEHENSWERTES
Petrinović-Mausoleum

Einen Besuch wert ist der örtliche Friedhof auf der Sveti-Nikola-Land-zunge nahe dem Badestrand Banj. Hier ist auch das von dem Bildhauer Toma Rosandić (1899–1958) entworfene Mausoleum für die reiche Familie Petrinović zu sehen. Der bombastische Bau, reich geschmückt mit orientalischen und byzantinischen Elementen, versprüht einen durchaus originellen Charme. An den aufwendig gestalteten Grabmälern wohlhabender Inselbewohner kann man einen Teil der Geschichte der Insel ablesen.
Landzunge Sveti Nikola

ÜBERNACHTEN
Supetrus Hoteli

Modernes Resort • Anspruchs-voller, riesiger Hotelkomplex mit 150 000 qm für ein internationales Publikum. Bar, Pool, Restaurant, Nachtklub, Kongresssaal, Tennis-plätze, Tischtennis und Handball. Surfkurse sowie Wellnesscenter.
Put Vela Luke 4 • Tel. 0 21/64 01 70 • www.watermanresorts.com • 120 Zimmer und Suiten • €€€

Palute

Viele Stammgäste • Sympathische Familienpension, geleitet von der Familie Martinić. Saubere Zimmer mit Dusche, Bad und Heizung. Ru-hige Lage im Ort, ca. 300 m bis zum Strand. Ganzjährig geöffnet. Restau-rant am Hafen.
Put Pasike 16 • Tel. 0 21/63 15 41 • 13 Zimmer • €

ESSEN UND TRINKEN
Vinotoka

Gepflegt speisen • Beliebte, empfeh-lenswerte Konoba in der Altstadt. Das anspruchsvollste Restaurant am Ort. Sehr schön dekorierte, gemüt-liche Terrasse mit offenem Grill. Vor-zügliche Fischgerichte und Meeres-früchte.
Kobova 6 • Tel. 0 21/63 09 69 • in der Saison tgl. bis 23 Uhr • €€

Palute

Herzhafte Küche • Bistro im Herzen der Altstadt nahe dem Hafen. Terras-se und gemütliches Ambiente. Herz-hafte Ziegenfleisch- und Fischge-richte, besonders überzeugend: die grünen Bandnudeln mit dem Fleisch vom Meereskrebs.
Porat 4 • Tel. 0 21/63 17 30 • in der Saison tgl. bis 23 Uhr • €

AM ABEND
Disco-Bar Fenix

Musikbar und Nachtclub. Livekon-zerte und andere musikalische Dar-bietungen. Zentrale Lage, eigener Parkplatz, fasst bis zu 850 Besucher.
Put Vele luke 2 • Tel. 0 21/63 05 42 • tgl. 22–5 Uhr geöffnet

SERVICE
ANKUNFT/ABFAHRT
Fähre (Jadrolinija)

Tel. 0 21/63 13 57

Flughafen Brač

Terminal Supetar
Tel. 0 21/55 97 11 • www.airport-brac.hr

AUSKUNFT
Fremdenverkehrsbüro

Porat 1 • Tel. 0 21/63 05 51 • www.supetar.hr

Hafenamt

Tel. 0 21/63 11 16

Hvar   ▶ S. 118/119, B 10–E 11

Mit rund 300 qkm ist Hvar die viert-größte dalmatinische Insel. Sie liegt zwischen den Nachbarinseln Brač und Korčula und erstreckt sich von Westen nach Osten über rund 70 km. Während das Zentrum und der östli-che Teil der Insel nur dünn besiedelt sind und auch nur selten von Touris-ten aufgesucht werden, konzentriert sich der Fremdenverkehr auf die im Westen gelegenen Ortschaften Hvar, Stari Grad, Vrboska und Jelsa.

Hvar 🔟   ▶ S. 118, B 10
4000 Einwohner

Die Inselmetropole Hvar, an der Südküste gelegen, ist eine typische dalmatinische Hafenstadt. Wunder-

MERIAN-Tipp

KOD KAPETANA

Bereits mehr als 30 Jahre existierende Gostionica an der westlichen Uferpromenade. Niveauvolles Angebot an Meeresfrüchten und Fischgerichten. Besonders empfehlenswert ist das saftige, frische Thunfischsteak. Auffallend aufmerksamer und geschulter Service.
Fabrika bb • Tel. 0 21/74 22 30 oder Mobil 09 83 1 21 61 • tgl. 12–24 Uhr • €€

bar ist der Blick auf die Bucht mit ihren kleinen Hängen, wenn man sich vom Wasser aus der Insel nähert. Man sollte sich ein wenig Zeit für das kleine Städtchen mit seiner palmenbestandenen Uferpromenade nehmen, das als Touristenort eine lange Tradition aufweist.

SEHENSWERTES
Festung/Španjola

Oberhalb des Ortes gelegene Festung, die aus der Mitte des 16. Jh. stammt. Von hier eröffnet sich ein weiter Blick auf die Hafenbucht und die vorgelagerten Inseln. Auch die nahe gelegenen Reste der Wehrmauern von Hvar sind zu sehen. Weiter oberhalb befindet sich die Anfang des 19. Jh. von den Franzosen erbaute Festung, die jedoch für die Öffentlichkeit nicht zugänglich ist.
Porenzi broj

Hauptplatz/Trg Svetog Stjepana

Stilvoller großer Platz, die wirkliche Mitte im Zentrum der Ortschaft. Der gepflasterte Platz zwischen der

Kathedrale und der Hafenbucht wird von historischen Gebäuden mit würdigen Fassaden flankiert. Viel Raum für Terrassencafés und Flaneure.

Kathedrale/Sv. Stjepan

Sie wurde erst im 18. Jh. komplett fertiggestellt und schließt heute den Hauptplatz an der nördlichen Seite ab. Der filigrane Glockenturm zeigt den Einfluss italienischer Baukunst. Im Innern der dreischiffigen Basilika sind mehrere historische Madonnenbildnisse zu sehen.
Trg Sv. Stjepana • tgl. 9–12 und 17–19 Uhr • Eintritt 10 Kuna

MUSEEN
Museum im Franziskanerkloster/Franjevački muzej

Im Refektorium des Franziskanerklosters aus dem 15. Jh. sind historische Gemälde (auch »Das letzte Abendmahl« von Matteo Roselli) sowie Fossilien, antike Inschriften, Amphoren und eine mechanische Standuhr aus dem 15. Jh. ausgestellt. Unbedingt sehenswert ist eine angeblich rund 400 Jahre alte Zypresse im Innenhof des Klosters.
Östliche Uferpromenade (ca. 200 m von der Fährstation entfernt auf einer kleinen Landzunge • tgl. 10–12 und 17–19 Uhr • Eintritt 10 Kuna

ÜBERNACHTEN
Adriana

Niveauvoller Komfort • Aus dem ehemaligen Hotel Adriatic wurde nach aufwendiger Modernisierung das Hotel Adriana. Zentrale Lage an der westlichen Uferpromenade. Das Haus repräsentiert ein solides gehobenes Niveau. Angeschlossen ist auch ein Spa mit therapeutischen Behandlungen, Yoga und Massagen.

Schöne Dachterrasse mit weitem Blick über die Bucht sowie Meerwasserpool, Bars, Terrassen-Restaurant, Sportmöglichkeiten.
Fabrika bb (westliche Uferpromenade) • Tel. 0 21 / 75 02 00 sowie 75 05 55 (Reservierung) • www.suncanihvar.com • 58 Zimmer und 9 Suiten • €€€€

Palace

Schöne Aussicht • Das traditionsreichste Hotel der Stadt (seit 1903), mitten im Stadtzentrum neben der stilvoll konstruierten Stadtloggia. Die Lage – von einigen Zimmern blickt man auf die Hafenbucht – macht den Charme des Hauses aus. Restaurant mit Terrasse für ein romantisches Dinner.
Trg Svetog Stjepana • Tel. 0 21 / 74 19 66 und 75 05 55 • www.suncanihvar. com • 73 Zimmer • €€€

Villa Tudor

Freundlicher Service • 5 km außerhalb der Stadt im Küstenweiler Milna gelegen. Vorbildliches Beispiel eines engagiert geführten Familienbetriebs. Ruhige Lage am Hang mit Blick über das Meer. Sportmöglichkeiten wie Tennis, Surfen, Tauchen. Restaurant, Parkplatz, Gartengrill. Viel zufriedenes Stammpublikum.
Milna, Milna bb • Tel. 0 21 / 74 50 00 • www.hvar-tudor.com • 11 Apartments • €€

ESSEN UND TRINKEN
Lucullus

Fisch und Fleisch perfekt • Das Restaurant zählt zum Hotel Villa Nora und gilt als das anspruchsvollste in der Altstadt. Ziegenfleisch mit Kartoffeln aus dem Backofen; Langusten-Kreationen; Käse mit Kapern und Olivenöl. Stets tadellose Fisch-

Das malerische Vrboska (▶ S. 64), ein kleiner ehemaliger Fischerort auf der Insel Hvar, ist heute mit seiner Festungskirche Sv. Marija ein beliebtes Urlaubsziel.

MERIAN-Tipp 7

RIBARSKI MUZEJ

▶ S. 118, C 10/11

Das kleine, liebevoll hergerichtete Museum dokumentiert auf interessante Weise die Fischerei auf der Insel Hvar zwischen dem 18. und 20. Jh. Auch eine traditionelle Fischerküche ist ausgestellt. Zu sehen sind zudem Schwämme, Muscheln, präparierte Meerestiere sowie Konservenbüchsen und Etiketten der 1972 geschlossenen Fischfabrik.
Vrboska, Zecevo 115 (an der Hafenpromenade neben dem Supermarkt) • in der Saison tgl. 10–12.30 und 18.30–21 Uhr • Eintritt 10 Kuna, Kinder 5 Kuna

gerichte. Geschulter Service. Reservierung empfohlen.
P. Hektorovica • Tel. 021/742498 • www.villanora.eu • in der Saison tgl. bis 24 Uhr • €€€

EINKAUFEN
Šoša Arsenal

Originelle dalmatinische Miniaturgebäude – Leuchttürme, Kirchen, historische Monumente, Land- und Stadthäuser – aus einem steinähnlichen Material. Alle Objekte werden von dem Künstler Darko Šoša hergestellt und per Hand koloriert.
Trg Svetog Stjepana (im Arsenal neben dem Fremdenverkehrsbüro) • So geschl.

SERVICE
ANKUNFT/ABFAHRT
Fähre (Jadrolinija)
Tel. 0 21/74 11 32

AUSKUNFT
Fremdenverkehrsbüro
Trg Svetog Stjepana • Tel. 0 21/74 10 59 • www.tzhvar.hr

Stari Grad
▶ S. 118, C 10

1700 Einwohner

Der an der Nordküste in einer geschützten Bucht gelegene Ort hieß in griechischer Zeit Pharos und wurde bereits 4. Jh. v. Chr. gegründet. Die Ebene wurde von der UNESCO auf ihre Liste des Welterbes gesetzt. Sehenswerte Altstadt. Fährverbindung mit Split, Korčula etc.

MUSEEN
Hektorović-Palast

Landsitz des berühmten Schriftstellers Petar Hektorović (1487–1572). Im Innenhof des Palastes ist ein Fischbassin zu sehen, in dem sich Meeräschen tummeln. In dem üppigen Garten wächst auch eine angeblich über 100 Jahre alte Magnolie.
Trg Turdal • Tel. 0 21/76 50 68 • in der Saison tgl. 10–13 und 17–20 Uhr, sonst nach Vereinbarung • Eintritt 10 Kuna

SERVICE
AUSKUNFT
Fremdenverkehrsbüro
Obala dr. Franje Tuđmana 1 • Tel. 0 21/76 57 63 • www.stari-grad-faros.hr

Vrboska
▶ S. 118, C 10

500 Einwohner

Wie auch der Nachbarort Jelsa blickt Vrboska auf eine lange Tradition als Zentrum des Fischfangs bzw. des Bootsbaus zurück. Bedeutendstes Bauwerk ist neben der Festungskirche **Sv. Marija** die Pfarrkirche **Sv. Lovrinac**.

Korčula und Pelješac
Mediterrane Landschaften und aromatische Weine prägen die Region. Die historische Altstadt von Korčula-Stadt zieht zu Recht viele Besucher an.

◄ Die von venezianischer Architektur geprägte Altstadt von Korčula (► S. 67) ist zu jeder Jahreszeit sehenswert.

Tausende von Besuchern konzentrieren sich Jahr um Jahr auf den Besuch der historischen Altstadt von Korčula. Dies ist freilich eine rundweg lohnende Unternehmung, aber die Umgebung hat auch ihre – vor allem landschaftlichen – Reize. Als ein Wandergebiet erster Güte hat sich inzwischen das Gebirgsmassiv um den Berg Sveti Ilija auf der Halbinsel Pelješac profiliert. Weiter südwärts gedeihen nahe der Ortschaft Dingač die Trauben für die renommiertesten Rotweine Kroatiens wie den Postup oder Dingač.

Korčula   ► S. 118/119, C 11–E 12

Üppige Vegetation und dicht bewaldete Hügel kennzeichnen das landschaftliche Erscheinungsbild der Insel. Im Westen zwischen Blato und Vela Luka dominiert der Anbau von Oliven. Smokvica und Čara – in der Inselmitte gelegen – gelten als Zentrum des Weinanbaus. Hier werden in ganz Kroatien beliebte Weißweine hergestellt. Am berühmtesten sind der Rukatac und der Pošip. Beide zeigen mineralische Nuancen und ein deutliches Fruchtaroma. Wenige Kilometer südlich von Korčula-Stadt liegt die Ortschaft **Lumbarda** mit Badestränden und Weingärten, in denen vor allem der berühmte Grk-Weißwein angebaut wird. Auf dem der Ortschaft vorgelagerten Inselchen **Vrnik** befindet sich der älteste Steinbruch Korčulas. Ehemals wurde hier der begehrte weiße Kalkstein abgebaut. Größte Attraktion der Insel ist allerdings die im Mittelalter entstandene

Stadt Korčula mit einem stilvollen Ambiente aus venezianischer Zeit. Von hier bietet sich auch ein eindrucksvoller Blick auf die benachbarte Halbinsel Pelješac und das Bergland um den Sveti Ilija. Korčula-Stadt verfügt vor allem in der Saison zwischen Mai und Oktober über gute Schiffsverbindungen nach Split, Hvar und Dubrovnik.

Korčula-Stadt   ► S. 119, E 11
3300 Einwohner

Ein im Sommer viel besuchtes architektonisches Juwel ist die auf einer Halbinsel gelegene Stadt Korčula mit der Kathedrale, den stimmungsvollen Gassen, stilvollen Hausfassaden und wuchtigen Befestigungstürmen. Die von einer Mittelachse aus wie die Struktur eines Blattes gegliederte **Altstadt 6** wurde ab dem 13. Jh. planvoll inmitten eines Befestigungsrings angelegt. Das gesamte städtebauliche Ensemble trägt markante Züge venezianischer Architektur. Zwischen 1420 und 1797 beherrschte Venedig die Stadt und Insel Korčula. In der Altstadt ist auch das angebliche Geburtshaus des berühmten Forschungsreisenden Marco Polo (1254–1324) zu besichtigen. Rundweg lohnend sind von Korčula aus Schiffsausflüge zu den vorgelagerten Inseln oder zur Insel Mljet.

SEHENSWERTES

Kathedrale Sv. Marko

Das beeindruckende Bauwerk steht auf dem höchsten Plateau in der Korčulaner Altstadt und überragt alle anderen Gebäude. Erbaut wurde die Kathedrale im 15. und 16. Jh. aus dem weißen Korčulaner Kalkstein. Kunsthistorisch bedeutsam ist das Gemälde hinter dem Altar. Es zeigt die drei Schutzpatrone Markus, Hieronymus, Bartholomäus, geschaffen Mitte des 16. Jh. von dem venezianischen Maler Jacopo Tintoretto. Das Gemälde »Verkündigung« im südlichen Seitenschiff soll ebenfalls von Tintoretto stammen. Die Statue »Der heilige Blasius« sowie die

WUSSTEN SIE, DASS ...

... in der jugoslawischen Periode die beiden dalmatinischen Inseln Lastovo und Vis bis zum Jahr 1989 als Militärgebiete für Ausländer gesperrt waren? Heute können sie problemlos besucht werden.

»Pietà« stammen von dem kroatischen Bildhauer Ivan Meštrović (1883–1962). Besonders erlebenswert ist das große Glockengeläut am Ostersonntag um 9 Uhr.

Trg svetog Marka

MUSEEN

Ikonenmuseum

Eine einzigartige Sammlung von Ikonen, die von der griechischen Insel Kreta stammen, ist in der Allerheiligenkirche (Svi sveti) aus dem 15. Jh. zu sehen. Die Ikonen gelangten im 17. Jh. nach einer Seeschlacht in den Besitz Korčulas.

Trg Svih svetih • in der Saison tgl. 10–13 und 17–19 Uhr • Eintritt 15 Kuna

Marco-Polo-Haus

Angebliches Geburtshaus des weltberühmten Asienreisenden Marco Polo (1254–1324). Diverse Karten und Dokumente, die an die Entdeckungsreisen Marco Polos erinnern. Unbedingt lohnend ist der Aufstieg zur Plattform des Turms. Von hier eröffnet sich ein wundervoller Blick über die Dächer der Altstadt. Ein Besuch außerhalb der Saison wird über das Fremdenverkehrsbüro arrangiert.

Marka Pola • Juli und Aug. tgl. 10–13 und 17–19 Uhr, sonst nach Vereinbarung • Eintritt 20 Kuna

Schatzkammer im ehemaligen Bischofspalast

Im direkt neben der Kathedrale gelegenen Bischofspalast (Opatska Palača) aus dem 14. und 17. Jh. sind kostbare Gemälde, Silber- und Goldschmiedearbeiten, historische Zeichnungen, Porzellan, Messgewänder, mittelalterliche Handschriften sowie Bilder zeitgenössischer kroatischer Maler zu sehen. Die interessante Sammlung beinhaltet unter anderem auch Originalskizzen von Leonardo da Vinci sowie bedeutende Gemälde von Blaž Jurjev Trogiranin.

Trg svetog Marka • in der Saison tgl. 10–12 und 17–19 Uhr • Eintritt 25 Kuna

Stadtmuseum

Im Gabríelli-Palast aus dem 16. Jh. untergebracht. Im Erdgeschoss sind Inschriften aus der griechischen und illyrischen Siedlungsepoche zu sehen. Die Räume in den oberen Stockwerken dokumentieren die Handwerkskunst, den Schiffbau und die lange Seefahrertradition Korčulas. Originelle und typische Objekte.

Die aus örtlichem Kalkstein erbaute Kathedrale Sveti Marko (▶ S. 68) in Korčula-Stadt birgt hinter dem Altar ein Gemälde des venezianischen Malers Tintoretto.

Trg svetog Marka • in der Saison tgl. 9–21 Uhr (Besuche außerhalb der Öffnungszeiten ganzjährig auf Nachfrage, Tel. 0 20/71 14 20) • Eintritt 20 Kuna

ÜBERNACHTEN

Liburna

Internationales Publikum • Das Hotel liegt neben dem Hotel Marko Polo außerhalb der Altstadt auf einer Landzunge. Großer Pool, Snack-Bar, Restaurant, viele Zimmer haben Meerblick. Großes Sportangebot. Angeschlossen ist eine Apartmentanlage.
Put Od Luke 17 • Tel. 0 20/72 60 06 und 72 60 26 • www.korcula-hotels.com • 83 Zimmer, 26 Apartments • €€€

Marko Polo

Gehobene Mittelklasse • Schon in jugoslawischer Zeit beliebtes Hotel, etwa 10 Min. zu Fuß von der Altstadt auf einem Hügel direkt am Meer gelegen. Bar, Restaurant. Am Strand: Gartenrestaurant, Snack-Bar und Pizzeria.
Put Od Luke 17b • Tel. 0 20/72 61 00 • www.korcula-hotels.com • 94 Zimmer • €€€

Korčula

Traditionsreiches Gebäude • Schöne Lage im westlichen Teil der Altstadt direkt am alten Hafen. Am stilvollsten ist die von Palmen flankierte Terrasse mit Korbsesseln und einem inspirierenden Weitblick über die Adria bis hinüber nach Pelješac. Am Ufer nahe dem Hotel fährt das Fährboot zur Ortschaft Viganj auf der Halbinsel Pelješac ab. Angeschlossen ist auch ein Restaurant. Die Zimmer bedürfen einer Modernisierung.
Hafenpromenade (neben dem Fremdenverkehrsbüro) • Tel. 0 20/71 10 78 und 72 63 36 • www.korcula-hotels. com • 20 Zimmer, 4 Apartments • €€

Das Stadttor von Korčula-Stadt (▶ S. 67)
führt zur planvoll angelegten Altstadt.

ESSEN UND TRINKEN
Morski Konjič

Dalmatinische Traditionsrezepte •
Nahe dem Bokar-Turm in der Altstadt gelegenes Restaurant, in der
Saison beliebt bei Touristen. Zünf-
tige Nudel-, Fisch- und Fleischgerichte. Spezialitäten: unter der Metallglocke gebackener Octopus, Tin-
tenfisch-Risotto, vegetarische Platte
sowie die gefüllten Calamari. Bei
Hochbetrieb lassen Essen und Service zu wünschen übrig.
Šetalište Petra Kanavelića •
Tel. 0 20/71 17 20 • in der Saison
tgl. 12–23 Uhr • €€

Adio Mare

Volkstümliches Ambiente • Nahe
dem Marco-Polo-Haus gelegene Konoba. Korčulaner und dalmatinische Spezialitäten: Fischgerichte und
Meeresfrüchte (gefüllter Hummer),
Brodetto. Spezialität ist die schmackhafte »pašticada« (Rindfleisch mit
Gnocchi). Weine aus Smokvica und
Umgebung. Niveauvolle Speisen.

Sv. Roka 2 • Tel. 0 20/71 12 53 •
in der Saison tgl. 12–23 Uhr • €

EINKAUFEN
Cukarin

Vorzügliches hausgemachtes Wal-
nuss- und Mandelgebäck (»Klašu-
ni«, »Cukerini«, »Amarete«, »Marko
Polo Bombica«), außerdem mit
Kräutern aromatisierter Traubentrester von kleinen Produzenten aus
der Umgebung. Hohes Preisniveau.
Hrvatske Bratske Zajednice •
Mo–Sa 10–22 Uhr

Wine Shop & Snack »Vinum Bonum«

2005 eröffnetes Geschäft mit beacht-
lichem Angebot an lokalen Rot- und
Weißweinen, Likören, Spirituosen,
Olivenölen, Schinken, Fischdelika-
tessen.
Punta Jurana (etwas außerhalb der
Altstadt nahe dem Trg Sveti Justine
gelegen) • Mo–Sa 10–22 Uhr

SERVICE
AUSKUNFT
Fremdenverkehrsbüro

Obala Vinca Paletina • Tel. 0 20/
71 57 01 und 71 58 67 •
www.korcula.net

Lumbarda ▶ S. 119, E 12
1100 Einwohner

Die kleine Küstenortschaft liegt
ca. 8 km südöstlich von Korčula.
Auf den hiesigen Sandböden werden die Trauben für den berühmten Grk-Weißwein angebaut. Mehrere kleinere Sandstrände, Konobas
und Privatquartiere. Insgesamt bietet die kleine Ortschaft ein freundliches und selbst im Hochsommer
nur selten von Rummel geprägtes
Erscheinungsbild.

Vela Luka

▶ S. 119, D 11

4500 Einwohner

Am westlichen Ende der Insel gelegene Hafenstadt mit Fährverbindung nach Split und zur Insel Lastovo.

Im Ort gibt es ein Heilbad, in dem vor allem mit Meerschlamm Rheumakrankheiten behandelt werden. In der Saison Bootsverbindungen zu vorgelagerten Badeinseln (auch FKK). Zwischen Vela Luka und Blato liegen bedeutende Anbaugebiete für Oliven, die zu Öl mit individuellem Geschmack verarbeitet werden. Die Ortschaft Blato verfügt auch über eine beeindruckende Allee von Lindenbäumen sowie eine Pfarrkirche mit sehenswerter Silbersammlung.

SERVICE

AUSKUNFT

Fremdenverkehrsbüro

Ul. 41 br. • Tel. 0 20/81 36 19 • www.tzvelaluka.hr

Halbinsel Pelješac

▶ S. 120, A 13 – C 14

Die rund 60 km lange Halbinsel ist noch nicht übermäßig vom Tourismus geprägt und beeindruckt durch eine kraftvolle mediterrane Landschaft, die auch Wanderern und Naturfreunden gefällt. Nahe dem Festland liegen die Ortschaften **Veliki Ston** (Großes Ston) und **Mali Ston** (Kleines Ston), berühmt für ihre Miesmuschel- und Austernzucht sowie eine grandiose Wehrmauer aus dem 14. Jh.

Das Innere der Halbinsel ist vor allem in der Umgebung der Orte Dingač, Potomje und Postup durch den Anbau von Wein gekennzeichnet. Dalmatiens berühmteste Rotweine wie der Postup oder Dingač stammen von hier. Viganj und Orebić sind per Fähre mit der Insel Korčula verbunden. Das dichte, trockene Buschland der Halbinsel wird

In einer der urig-gemütlichen Weinschänken in Orebić (▶ S. 72) kann man die vollmundigen, charaktervollen Rotweine aus Postup und Dingač verkosten.

MERIAN-Tipp 8

JAHRHUNDERTEALTE ZYPRESSEN   ▶ S. 120, A 14

Oberhalb und westlich von Orebić haben nicht wenige Zypressen überdauert, die 300, 400 Jahre oder noch älter sind. Die ältesten Exemplare befinden sich nahe der kleinen Kapelle Gospa od Karmena, die westlich der Ortschaft am Hang liegt. Die Kapelle stammt aus der ersten Hälfte des 17. Jahrhunderts. Die Umgebung der Kapelle zählt zu den verwunschensten und atmosphärisch beeindruckendsten Orten weit und breit. Hier kann man die Seele baumeln lassen und sich in längst vergangene Zeiten hineinträumen.
Bei Orebić

immer wieder von Bränden heimgesucht. Vor allem im Hochsommer ist daher der Umgang mit offenem Feuer höchst gefährlich.

Orebić   ▶ S. 120, A 14

1500 Einwohner

Orebić, durch den Pelješki-Kanal von der Insel Korčula getrennt, gilt als Heimat berühmter Seefahrer. Zeugnis geben davon die prachtvollen Häuser ehemaliger Kapitäne, die sich in Orebić niedergelassen haben. Die Stadt wird überragt vom 961 m hohen **Sveti Ilija** (▶ S. 94), der höchsten Erhebung der dalmatinischen Inselwelt. Die gesamte Gebirgsregion um den Sveti Ilija eignet sich vorzüglich für Wanderungen; vom Gipfel eröffnet sich ein wahrlich grandioser Blick auf das Festland und die adriatischen Inseln.

SEHENSWERTES

Kapitänshäuser

Den Namen erhielt der Ort von der Kapitänsfamilie Orebić, die hier im Mittelalter lebte. Vor allem im 19. Jh. avancierte die Küstenortschaft zu einem beliebten Wohnort für Kapitäne und andere Seefahrer. Viele von ihnen ließen sich prächtige Häuser und Villen erbauen, umgeben von üppigen Gärten. Die meisten dieser sehenswerten Häuser liegen nahe der Obala Pomoraca bzw. Šetalište Maršala Tita zwischen der Fähranlegestelle und dem beliebten Kieselstrand Trstenica.

MUSEEN

Franziskanerkloster/ Franjevački samostan

Das Franziskanerkloster, erbaut im 15. Jh., liegt einige Kilometer westlich der Stadt an einem Hang mit einem wahrlich wundervollen Blick über das Meer, die kleinen Inseln und die gegenüberliegende Stadt Korčula. Zwischen den Hotels am Adria-Ufer führt eine Asphaltstraße (ausgeschildert) hinauf zum Kloster. Rings um den Innenhof zeigt eine Sammlung historische Modelle von Last- und Segelschiffen, Porträts von Seefahrern aus Orebić, Seekarten und Gemälde von Schiffen. Ausgestellt ist auch eine interessante Fotografie, die Orebić, den Monte Vipera – so hieß der Sveti Ilija seinerzeit – und das umgebende Bergland im Jahre 1885 zeigt. Im erst Anfang 1999 renovierten Refektorium sind historische Gemälde zu sehen. Sehenswert ist der alte Friedhof, auf dem auch zahlreiche Seefahrer und Kapitäne aus Orebić bestattet sind.
Westl. der Stadt • Mo–Sa 9–12 und 16–19, So 16–18 Uhr • Eintritt 10 Kuna

Meeresmuseum/
Pomorski muzej

Das Meeres- und Seefahrtmuseum existiert bereits seit 1957. Zu sehen sind nautische Instrumente, Gemälde von Seefahrern, Kapitänen und Schiffen, historische Schiffsmodelle.
Trg Mimbelli b b • Tel. 0 20/71 30 09 • Mo–Fr 9–12 und 17–20 Uhr, Sa, So nach Vereinbarung • Eintritt 10 Kuna

ÜBERNACHTEN
Orsan ♟♟

Schöne Blicke nach Korčula • Das Hotel wurde 1998 komplett renoviert. Schöne Lage wenige Kilometer außerhalb des Ortes direkt am Meer. Eigener Kieselstrand. Großer Pool, Bar, Grünanlagen, Fahrradverleih, vier Tennisplätze, Volleyballplatz und Surfing. Modern eingerichtete Zimmer mit Heizung. Spezialprogramme und Angebote für Kinder. Freundliches Personal. Das Hotel ist ein gutes Beispiel für eine sinnvoll vorgenommene Modernisierung sowie für eine kundenfreundliche und engagierte Leitung. Auch für Wanderer geeignet, die die Bergregion des Sveti Ilija erkunden möchten. Einer der reizvollsten Wanderwege beginnt in der Nähe des Hotels.
Bana Josipa Jelačića 119 • Tel. 0 20/79 78 00 • www.orebic-htp.hr • 94 Zimmer, 3 Apartments • €€€

ESSEN UND TRINKEN
Konoba Pelješki Dvori

Volkstümlich • Gemütliches Ambiente, schöne Terrasse. Pikante Gavrilovic-Salami aus Slavonien, deftige Fleischgerichte vom Grill, diverse Käsesorten und Risottos. Rund ein Dutzend Weine.
Obala Pomoraca 36 • Tel. 0 20/71 33 29 • Okt.–Feb. geschl. • €

Der Blick über das Franziskanerkloster in Orebić (▶ S. 72) auf das Meer. Im Inneren erwartet den Besucher eine Sammlung historischer Schiffe.

MERIAN-Tipp 9

PANSION MIRINA ▶ S. 119, E 11

Sehr empfehlenswerte kleine Privatpension der Familie Antunović mit herzlichem Ambiente. Herausragendes Essen, Wein, Trester und Backwaren aus eigener Herstellung. Viele deutsche und belgische Stammgäste. Guter Stützpunkt für Wanderungen in der Gebirgsregion des Sveti Ilija. Beliebt auch in der Vor- und Nachsaison. Außerhalb des Ortes Viganj (▶ S. 75) an der Küstenstraße in Richtung Lovište gelegen.
Viganj • Tel. 0 20/71 90 33 • www.mirina-viganj.com • 8 Zimmer und 4 Apartments • €

SERVICE
AUSKUNFT
Fremdenverkehrsbüro
Zrinsko-frankopanska 2 • Tel. 0 20/71 37 18 • www.tz-orebic.hr

Taxi Josip
Sympathischer und professioneller Service für Taxifahrten, Ausflüge oder sonstige Transportdienstleistungen für Einzelpersonen und Gruppen. Alles unter der zuverlässigen Leitung von Josip Prižmić, der auch Deutsch spricht.
Šetalište K. Domagoja 48 • Tel. 0 20/71 32 21, Mobil 0 98/ 1 69 86 87

Ston
▶ S. 120, C 14
800 Einwohner
Die Ortschaft besteht aus den beiden Ortsteilen **Mali Ston** und **Veliki Ston**. Sie liegt an der Landenge, die Pelješac mit dem Festland verbindet. Bedeutend ist hier seit Langem die Muschel- und Austernzucht. Selbst von Dubrovnik aus kommen Feinschmecker angereist, um hier frische Austern und andere Meerestiere zu genießen.

SEHENSWERTES
Wehrmauer 🚹🚹
Im 14. Jh. wurden Mali und Veliki Ston durch die Republik Dubrovnik planmäßig angelegt und mit Wehrmauer, Wachtürmen, Bastionen und anderen Verteidigungsanlagen ausgestattet. Die nahezu 6 km lange, imposante Wehrmauer (Touristen können einen Spaziergang auf der Mauerkrone unternehmen) ist erhalten und verbindet beide Ortsteile miteinander. Die historischen Gebäude in Veliki Ston wurden teilweise beim Erdbeben 1996 beschädigt.
In der Saison 8–18.30 bzw. 19.30 Uhr • Eintritt 30 Kuna, Kinder 20 Kuna

ÜBERNACHTEN
Ostrea
Austern in der Nachbarschaft • Dieses kleine und angenehme Hotel besteht seit 1998 und liegt nahe der Muschel- und Austernzuchtanlagen in Mali Ston. Engagierte Leitung durch die Familie Kralj. Das wahrscheinlich niveauvollste Familienhotel weit und breit. Parkplatz, Bar.
Im Erdgeschoss befindet sich das ebenso empfehlenswerte Restaurant Mlinica mit schönem Blick auf die Bucht und einem vorzüglichen Angebot an Austern, Miesmuscheln, Hummer, Scampi etc. Die Chefköchin Lidija Kralj gewann schon mehrere Preise.
Mali Ston • Tel. 0 20/75 45 55 • www.ostrea.hr • 13 Zimmer, 1 Zwei-Zimmer-Apartment • €€€

ESSEN UND TRINKEN

Kapetanova Kuća

Meeresfrüchte • In der Nähe des Hotels Ostrea in Mali Ston gelegen, ebenfalls von der Familie Kralj geführt.
Mali Ston • Tel. 0 20/75 45 55 und 75 42 64 • in der Saison tgl. 12–23 Uhr • €€

Vila Koruna
▸ MERIAN-Tipp, S. 15

SERVICE

AUSKUNFT

Fremdenverkehrsverband

Trg Kralja Tomislava 1 •
Tel. 0 20/75 44 52

Viganj   ▸ S. 119, E 11

350 Einwohner

Rund 7 km westlich von Orebić liegt zwischen Bauerngärten die kleine Küstenortschaft Viganj. Auch hier waltet eine lange Seefahrertradition.

Berühmt ist der Ort heute – ähnlich wie die Nachbarortschaft Kućište – bei Hobbysurfern; die Windbedingungen im Pelješki-Kanal zwischen Viganj und der Nachbarinsel Korčula sind äußerst günstig. Deshalb fanden hier bereits große, auch internationale Surfwettbewerbe statt. Im Ort und in der Umgebung gibt es nicht wenige Fremdenzimmer bzw. Campingplätze. Eine mehrmals täglich verkehrende Personenfähre verbindet Viganj mit Korčula-Stadt auf der gegenüberliegenden Insel Korčula. Von Viganj aus führt die Straße durch das Gebirge bis zur ganz im Westen gelegenen Küstenortschaft Lovište.

SERVICE

AUSKUNFT

Fremdenverkehrsbüro

Viganj, Viganj bb, an der Uferstraße (für Viganj und Kućište) • Tel. 0 20/71 92 95, 71 37 18 und 71 31 23

Veliki Ston (▸ S. 74) auf der Halbinsel Pelješac ist durch die Austern- und Muschelzucht sowie seine imposante, fast sechs Kilometer lange Wehrmauer bekannt.

Dubrovnik und Umgebung

Das einzigartige Altstadtensemble innerhalb von Festungsmauern mit Klöstern, Kirchen und Palästen ist ein wahrer
Besuchermagnet.

◄ Der Platz vor der St.-Blasius-Kirche (▸ S. 78) vermittelt das typische Altstadt-Ambiente Dubrovniks.

Neue Geschäfte, Cafés und Restaurants haben sich in den letzten Jahren in der Altstadt von Dubrovnik angesiedelt. Viele würdige Bürgerhäuser sind restauriert worden. Wer den außerordentlichen Charme dieses Weltkulturerbes erleben möchte, findet die intensivste Inspiration am frühen Morgen – noch ehe die Heerscharen von Besuchern die Gassen füllen. Auch Sommerabende – oft mit spektakulären Sonnenuntergängen über dem Meer – sind geeignet für eine ungestörte Begegnung mit der Architektur der Stadt. Ein Rundgang auf der Stadtmauer (auch möglichst früh am Vormittag) rundet in jedem Fall die Eindrücke von Dubrovnik ab.

Dubrovnik ▸ S. 121, E 15

50 000 Einwohner
Stadtplan ▸ S. 79

Die zwischen dem 12. und 17. Jh. entstandene **Altstadt** 🗺 von Dubrovnik – als Weltkulturerbe eingestuft – ist seit Langem ein klassisches touristisches Besuchsziel an der Adria. Das städtebauliche Ensemble geht weitgehend zurück auf die Zeit der unabhängigen Stadtrepublik Ragusa. Sie genoss vom 14. bis 16. Jh. den Zenit ihrer Blüte und entfaltete einen kulturellen, geistigen und wirtschaftlichen Wohlstand, der sich auch im Bau von prächtigen kirchlichen und weltlichen Gebäuden niederschlug. Von Oktober 1991 bis Mai 1992 wurde Dubrovnik im Rahmen der kriegerischen Auseinandersetzungen im ehemaligen Jugoslawien mehrfach mit Granaten beschossen.

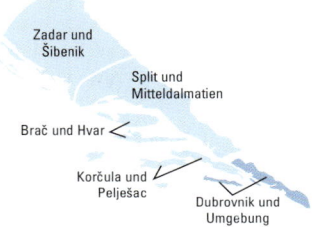

Zadar und
Šibenik

Split und
Mitteldalmatien

Brač und Hvar

Korčula und
Pelješac

Dubrovnik und
Umgebung

SEHENSWERTES

Dominikanerkloster/
Dominikanskisamostan i crkva
▸ S. 79, c 1/2

Am Sponza-Palast vorbei führt eine Gasse entlang der Festungsmauer zum monumentalen Dominikanerkloster, mit dessen Bau schon im frühen 14. Jh. begonnen wurde und der ein typisches Beispiel dalmatinischer Baukunst ist. Renaissance und Gotik arbeiten hier Hand in Hand. Neben der Klosterkirche und dem Kreuzgang ist das angeschlossene Klostermuseum (▸ S. 78) sehenswert.
Sv. Dominika

Franziskanerkloster/Franjevačka
crkva i samostan ▸ S. 79, b 1/2

Das mittelalterliche Gebäude aus dem frühen 14. Jh. beeindruckt nicht zuletzt durch seinen Kreuzgang mit den filigranen Doppelsäulen. Im angeschlossenen Museum ist neben Goldschmiedearbeiten, historischen Stadtansichten und Gemälden eine originalgetreue Apotheke ausgestellt, eine der ältesten ihrer Art in Europa.
Poljana Paska Miličevića • in der Saison tgl. 9–18 Uhr • Eintritt 30 Kuna, Kinder 15 Kuna

Hauptstraße/Placa ▸ S. 79, b/c 2

Die berühmte Flaniermeile zwischen dem Pile-Tor und dem Luža-Platz wird auch Stradun genannt. An beiden Flanken liegen zahlreiche Cafés und Geschäfte. Das glatt geschliffene Straßenpflaster stammt aus dem 15. Jh. Die Hausfassaden längs der Placa wurden von den Bürgern nach dem Erdbeben von 1667 einheitlich wieder aufgebaut.

Rektorenpalast/Kneževdvor
▸ S. 79, c 2

Der bedeutendste Profanbau der Stadt stammt aus dem 15. Jh. und diente einst während der Dubrovniker Republik als Wohnung des Rektors und Sitz des Großen und Kleinen Rats. Kein Geringerer als Michelozzo Michelozzi hat diesen Palast 1463 erneuert. Sehenswert sind vor allem der Innenhof, die barocke Treppe und das interessante Stadtmuseum (▸ S. 78) mit vielen Originalstücken aus der Zeit der Dubrovniker Republik.
Pred Dvorom 1 • 9–18 Uhr • Eintritt 40 Kuna

Sponza-Palast/Palaca Sponza
▸ S. 79, c 2

Schräg gegenüber der Kirche Sv. Vlaha gelegener Palast (1516–1522), der Elemente der Spätgotik und Renaissance aufzeigt. Das Gebäude diente als Zollamt, Lagerhaus, städtische Münze und Gefängnis (Kellergeschoss). Heute ist hier das Archiv der Stadt Dubrovnik untergebracht.
Trg Luža

St.-Blasius-Kirche/Sv. Vlaha
▸ S. 79, c 2

Die barocke Kirche am Luža-Platz aus dem frühen 18. Jh. ist dem Heiligen Blasius gewidmet. Sehenswert ist seine vergoldete Silberstatue.
Trg Luža

MUSEEN

Meeresmuseum/Pomorski muzej
▸ S. 79, d 3

Historische Funde aller Art aus dem Meer (Amphoren, Münzen, Keramik), dazu Schiffsmodelle, Gemälde, Seekarten, Urkunden, Schiffsinventar. Untergebracht in der Sveti-Ivan-Festung in der Nähe des Aquariums.
Tvrddava Sv. Ivana • Di–So 9–18 Uhr • Eintritt 40 Kuna, Kinder 20 Kuna

Museum im Dominikanerkloster/Muzej dominikanskog samostana
▸ S. 79, c 1

Devotionalien, historische Gemälde (darunter ein berühmtes Tizian-Bild), Altarbilder, Schmuck aus venezianischer Zeit, Messbücher. Sehenswert ist auch der schöne Innenhof des Klosters.
Sv. Dominika 4 • tgl. 9–18 Uhr • Eintritt 20 Kuna

Stadtmuseum/Dubrovački muzej
▸ S. 79, c 2

Wird manchmal auch als Museum für Kulturgeschichte (Kulturno povijesni muzej) bezeichnet. Interessante Sammlung zur Geschichte der Republik Dubrovnik. Im Zwischengeschoss sind Münzen, Majolika, Fayencen, Waffen, Porträts und Kostüme aus der Zeit zwischen dem 13. und 19. Jh. zu sehen. Das Obergeschoss zeigt vor allem Mobiliar und Porträts prominenter Stadtbürger aus dem 18. Jh. Des Weiteren sind ein Rokokosaal, das historische Kabinett des Rektors, ein Musiksaal mit Mobiliar aus dem 18. Jh. sowie eine Pinakothek mit Gemälden aus dem 15. und 16. Jh. angeschlossen. Besondere Aufmerksamkeit verdient das Kabinett des Rektors. In einem kleinen, mit Intarsien verzierten Käst-

© MERIAN-Kartographie

Dubrovnik

0   90 m

chen befinden sich die vier Schlüssel der beiden Stadttore Dubrovniks.

Pred Dvorom 1 • Mo–Sa 9–14 Uhr • Eintritt 40 Kuna, Kinder 20 Kuna

SPAZIERGANG

Stadtplan ▶ S. 79

Dubrovnik verfügt über einen geschlossenen **Befestigungsring**, der uns die Möglichkeit bietet, auf der Wehrmauer die gesamte Stadt zu umrunden und viele der bedeutendsten Sehenswürdigkeiten von oben zu betrachten. Wir beginnen unseren Spaziergang am **Pile-Tor**, das zwischen 1460 und 1537 entstand und heute der am meisten genutzte Zugang zur Altstadt ist. Der Aufgang zur Stadtmauer wird morgens gegen 9 Uhr geöffnet (Eintritt 50 Kuna).

Wir gehen auf dem Mauerring parallel zum Meer in Richtung Hafen. Unterwegs schweift der Blick hinunter in die Gassenschluchten und Hinterhöfe. Am **St.-Margarethen-Turm** vorbei erreichen wir schließlich das **Fort Sv. Ivan**, in dem heute das Meeresmuseum untergebracht ist. Weiter führt der Weg an der rückwärtigen Front des **Rektorenpalastes** aus dem 15. Jh., am **Sponza-Palast** (15. Jh.) und am **St.-Lukas-Turm** vorbei bis zum **Ploče-Tor** nahe dem Fort Revelin. Auch hier lohnt wieder ein Zwischenstopp, um den Blick auf den Hafen und das Meer zu genießen.

Wendet man den Blick zur Altstadt, schaut man auf eine markante Landschaft aus Dachpfannen, bepflanzten Dachterrassen, Antennen, Kuppeln und Türmen. Wir haben jetzt den Hangbereich der Mauer erreicht. Hier laufen wir am **Dominikanerkloster** vorbei bis zum **Fort Minčeta** und dann weiter bis zum **Pile-Tor**, wo wir hinunter in die Altstadt weitergehen. Über die **Placa**, die Prachtstraße der Altstadt, gelangen wir zur großen **Sv.-Vlaha-Kirche** aus dem frühen 18. Jh., vor der sich das Roland-Denkmal befindet. Gegenüber liegt der schmucke **Sponza-Palast**. Am Rektorenpalast vorbei erreichen wir den **Gundulić-Platz**, auf dem an jedem Werktag ein belebter Markt stattfindet. Durch die Gasse **Od Puča** erreichen wir das **Franziskanerkloster**, schauen uns noch den prächtigen **Onofrio-Brunnen** aus dem 15. Jh. an und erreichen schließlich erneut das Pile-Tor.

Dauer: 4 Stunden

ÜBERNACHTEN

Dubrovnik Palace ▶ S. 79, westl. a 2

Komfort außerhalb der Altstadt • Für seinen Komfort und Service mehrfach ausgezeichnetes Hotel auf der Halbinsel Lapad, knapp 5 km

Im Troubadour Hard Jazz Caffé (▶ MERIAN-Tipp, S. 81) im Stadtzentrum von Dubrovnik kann man entspannt zuhören, wenn auch mal spontan ein Jazzkonzert stattfindet.

von der Altstadt entfernt. Eine relativ ruhige Lage an der Küste, ein hoher Komfort sowie modern und geschmackvoll eingerichtete Zimmer erfüllen die Erwartungen des anspruchsvollen Publikums. Restaurant, Nachtclub, Bars, Schwimmbäder, ein eigener Strand sowie Sport- und Fitness-Einrichtungen und viele weitere Serviceangebote. Busverbindung in die Stadt.
Masarykov put 20 • Tel. 0 20/ 43 08 30 • www.alh.hr • 308 Zimmer und Suiten • ♿ • €€€€

Excelsior   ▸ S. 79, östl. d 1

Lifestyle und Fitness • Komfortables Hotel mit Blick auf die Altstadt. Viele Geschäftsleute und Touristengruppen. Moderner Standard. Kleiner Hausstrand. Sauna, Spa, Hallenbad, eigene Parkplätze, Restaurant, Fitnessbereich, Designershops.
Put Frana Supila 12 • Tel. 0 20/ 35 33 53 sowie 0 20/43 08 30 • www.alh.hr • 141 Zimmer, 17 Suiten • €€€€

ESSEN UND TRINKEN

Atlas Club Nautika   ▸ S. 79, a 2

Luxus am Meer • Edel und teuer, beliebt bei Geschäftsleuten. Große Terrasse, Meerblick. Kompetent zubereitete Fisch- und Fleischgerichte. Große Wein- und Getränkekarte.
Brsalje 3 (nahe dem Pile-Tor) • Tel. 0 20/44 25 26 • tgl. 12–24 Uhr • €€€

Domino   ▸ S. 79, b 2

Steaks und Fisch • Gepflegtes, niveauvolles und beliebtes Restaurant, eines der besten in der Altstadt. Außer Steaks (Hausspezialität), Lebergerichten und Rostbraten auch Meeresfrüchte (Scampi Domino) und Fischgerichte.

MERIAN-Tipp

TROUBADOUR HARD JAZZ CAFFÉ   ▸ S. 79, c 2–3

So nennt sich dieses seit mehr als 20 Jahren in der Altstadt existierende Lokal, der Treffpunkt der Jazzfreunde und Veteranen der örtlichen Kulturszene. Mancher Künstler, der sich umständehalber nicht in der Lage sah, seine Zeche zu bezahlen, trug seine Schulden ab, indem er dem »Troubadour« ein Gemälde, eine Zeichnung oder eine Fotografie vermachte. Die Wände bezeugen dies. An den Wänden Fotos von prominenten Besuchern aus dem In- und Ausland. Ganzjährig bis nach Mitternacht geöffnet. Enge Räumlichkeit, gemütliches Ambiente.
Dubrovnik, Bunideva poljana 2 und Gundulideva poljana 3 (zwei Eingänge) • Tel. 0 20/32 34 70

Od Domina 6 • Tel. 0 20/32 31 03 • www.steakhousedomino.com • 1. Dez.–7. Jan. geschl. • €€€

Kamenice   ▸ S. 79, c 2

Delikate Happen • Am Gundulić-Platz (Markt) gelegen mit einfacher Einrichtung, aber einem niveauvollen Angebot an kleinen Happen.
Gundulićeva poljana 8 • Tel. 0 20/ 4 21 49 9 • tgl. 12–24 Uhr • €

Nishta
▸ grüner reisen, S. 17

EINKAUFEN
Bio und Bio
▸ grüner reisen, S. 18

AM ABEND

Caffé Bar Libertina ► S. 79, c 2

Kleine, urige und gemütliche Bar. Anspruchsvolle Musik, viel Jazz. Treff von Künstlern, Musikern, Lebenskünstlern im vorgerückten Alter. Zlatarska ulica 5 • In der Saison bis nach Mitternacht geöffnet

SERVICE

ANKUNFT/ABFAHRT

Fähren (Jadrolinija)

Tel. 0 20/41 80 00 ► S. 79, westl. a 2

Flughafen Čilipi ► S. 121, E 15/16

Tel. 0 20/77 33 77 • Busverbindung mit der Linie 37 ins Stadtzentrum

Seilbahn ► S. 79, c 1

Tel. 0 20/32 53 93 • www.dubrovnik cablecar.com

AUSKUNFT

Fremdenverkehrsbüro ► S. 79, b 2

Cvijete Zuzorić 1/II • Tel. 0 20/ 32 38 87 und 32 38 89 • www.tzdubrovnik.hr

Informationsbüro in der Altstadt ► S. 79, b 2

Stradun, Placa bb • Tel. 0 20/42 63 54 und 42 63 55

Gepäckaufbewahrung

Mobile Gepäckaufbewahrung (Gepäck wird abgeholt, aufbewahrt, gebracht). Tel. 0 20/74 25 33 oder mobil 09 96 78 47 21 • www.dubrovnik luggagestorage.com

Ziele in der Umgebung

◎ Elaphitische Inseln

► S. 121, D 15

Die zwischen der Halbinsel Pelješac und Dubrovnik gelegene Inselgruppe ist von Dubrovnik aus per Fähre oder Ausflugsboot zu erreichen. Bewohnt sind die drei Elaphitischen Inseln (Hirschinseln) Koločep, Lopud und Šipan; hier leben ca. 1000 Menschen. Koločep und Lopud sind frei von Autoverkehr. Schöne Sand- und Kieselstrände bzw. Tauchareale, genügend Unterkünfte.

◎ Lokrum ► S. 121, E 15

Kleine, der Stadt unmittelbar vorgelagerte Insel, die per Ausflugsboot ab dem Alten Hafen (Stara Luka) nahe dem Ploče-Tor erreicht wird. Auf der Insel findet sich ein Park mit schöner subtropischer Vegetation, einige historische Bauten, vor allem aber einige Badestrände, die an Sommertagen gern von Einheimischen, weniger von Touristen aufgesucht werden.

◎ Lopud ► S. 121, D 15

Die knapp 5 qkm große Insel liegt zwischen den Inseln Šipan und Koločep und zählt ebenfalls zu den Elaphitischen Inseln. Süßwasserquellen haben über die Jahre eine üppige mediterrane Vegetation entstehen lassen. In der Ortschaft Lopud und nahebei sind Hotels und andere Unterkünfte entstanden. Neben einem Heimatmuseum und diversen Stränden verfügt die auch im Sommer nicht übermäßig überlaufene Insel über eine Uferpromenade und die Ruine eines Franziskanerklosters.

◎ Mljet ► S. 120, B 14–C 15

Die lang gestreckte, rund 100 qkm große Insel liegt südlich der Halbinsel Pelješac weit draußen in der Adria und ist von Dubrovnik aus mit der Fähre zu erreichen. Rund 30 qkm im Westen der Insel sind seit 1960

In Trsteno, 20 Kilometer nordwestlich von Dubrovnik, kann man im Arboretum
(▶ S. 83) neben vielen seltenen Bäumen auch diese Steinskulpturen bewundern.

als Nationalpark ausgewiesen. Hier gibt es das Hotel Odisej sowie mehrere Privatpensionen. Auf einer Insel im Großen See das ehemalige, inzwischen teilweise renovierte Benediktinerkloster aus dem 12. Jh. Es bestehen Fährverbindungen zum Benediktinerkloster auf der Insel inmitten des Großen Sees.
www.mljet.hr

◎ Šipan   ▶ S. 121, D 15

Šipan ist mit rund 16 qkm die größte Insel der Elaphitischen Inseln. Auch dieses Eiland – gleichfalls autofrei – bietet dem Besucher viel Ruhe, eine unverschandelte Natur und einige kleinere, aber niemals überfüllte Kiesstrände.
Im Zentrum der Insel befindet sich das Weinbaugebiet. Mehrere Unterkünfte, Geschäfte und Tavernen im Hauptort **Šipanska Luka**. Oberhalb der Ortschaft gibt es Teile eines Rektorenpalasts aus dem 15. Jh.

◎ Trsteno   ▶ S. 121, D 15

300 Einwohner

Der kleine Ort liegt gegenüber der Insel Lopud an der Küste.
20 km nordwestl. von Dubrovnik

SEHENSWERTES

Arboretum

Hier gibt es viele seltene und alte Bäume und Sträucher aus dem Mittelmeerraum und anderen Klimazonen zu sehen. Der Park wurde 1502 von der Dubrovniker Patrizierfamilie Gučetić-Gozze angelegt. Ihn schmücken Fontänen, Wasserkanäle, Steinskulpturen und Brunnen. Im 16. und 17. Jh. zog es Dichter, Künstler und Philosophen in diesen Prachtgarten. Schöne Kiefern, Zypressen, Zürgelbäume, Robinien, Palmen, Weißbuchen.
An der Küstenstraße zwischen Orašac und Slano • Tel. 0 20/75 10 19 • tgl. 7–19, im Winter bis 16 Uhr • Eintritt 35 Kuna, Kinder, Studenten 20 Kuna

Der Krka-Nationalpark (▸ S. 90) ist nicht
nur wegen seiner berühmten Wasserfälle
einen Ausflug wert, hier kann man auch
wandern und baden.

Touren und
Ausflüge

Auf den Inseln oder im Hinterland der Küste trifft der Besucher auf eine kraftvolle südländische Natur, attraktiv für Wanderungen oder Fahrradtouren.

Gipfeltour zum Sveti Jure  – Virtuose Natur im dalmatinischen Hochgebirge

CHARAKTERISTIK: Abwechslungsreicher Ausflug mit dem Auto; Erfahrung bei Fahrten über Serpentinen und enge Straßen ist erforderlich **DAUER:** Halbtages- oder Tagesausflug **LÄNGE:** Ab der Küstenstraße ca. 30 km **EINKEHRTIPP:** Im Gipfelbereich keine, aber in der Ortschaft Gornji Tučepi, z. B. Jeny (▸ MERIAN-Tipp, S. 55), Gornje Tučepi, Tel. 0 21/623704, www.restaurant-jeny.hr €€ **AUSKUNFT:** Fremdenverkehrsverband Tučepi, Kraj 103, Tel. 0 21/62 31 00, www.tucepi.com

KARTE ▸ S. 119, E 10

Im Naturpark Biokovo (▸ S. 86) kann man durch eine artenreiche Flora wandern.

Der höchste Berg Dalmatiens bietet spektakuläre Ausblicke in die nahe und ferne Umgebung. In den höheren Lagen des **Biokovo-Gebirges** kann bis weit in den Mai hinein Schnee liegen. Und selbst im Sommer ist es im Bereich der Gipfelregion mitunter zugig und kalt. Ohne entsprechend warme Kleidung und Wanderschuhe wird der Ausflug gewiss kein Genuss. Abzuraten ist von einer Fahrt zum **Sveti Jure**  an nebligen oder diesigen Tagen, dann wird man aus der Höhe nicht einmal bis zur Küste schauen können. An klaren Tagen allerdings wird man für die kurvenreiche Fahrt über Serpentinenstraßen mit einem Blick bis hinüber an die italienische Ostküste belohnt. Bei extrem guter Sicht, die allerdings selten ist, kann man den Monte Gargano an der italienischen Küste erkennen. Von Seehöhe geht es hinauf auf eine Höhenlage von rund 1700 m. Die Straße ist nicht besonders gut ausgebaut und besteht manchmal aus einer einspurigen Trasse, welche nur mit großer Vorsicht und angemessener Langsamkeit benutzt werden kann. Grundsätzlich kann die Straße bei gutem Wetter auch von normalen Personenkraftwagen ohne Vierradantrieb befahren werden. Erfahrungen mit Serpentinen und engen Straßenverhältnissen sollte der Fahrer unbedingt mitbringen.

Wer sich einen Tag lang im Sveti Jure aufhalten möchte, sollte sich mit Proviant versorgen, denn es gibt keine Hütten oder ähnliche Einkehrmöglichkeiten.

Kreuzung ▸ Vrgorac

An einer Kreuzung zwischen den Ortschaften **Makarska** und **Tučepi** biegt eine Straße in Richtung **Vrgorac** ab. Es ist dies die einzige Straße in der Umgebung, die von der Küste hinauf ins Bergland führt. Nach wenigen Kilometern biegt von der Hauptstraße nach links eine kleine Straße ab. Sie führt hinauf zur Gipfelregion des Sveti Jure. Darauf verweist ein kleines Schild an der Abbiegung.

Pinienwald ▶ Parkplatz

Die Straße führt zunächst durch Pinienwald, an Weißdorn und anderen Büschen vorbei. Ab ca. 1200 m wird die Landschaft merklich rauer. Nun sieht man kaum noch Wald, dafür viele kleine, vom Wind zerzauste Büsche, bizarre Karstformationen, verfallene Gehöfte und Ställe, kleine Felder, Bergziegen und einige halbwilde Pferde. Etwa ab Anfang Juni blühen hier viele bunte Gebirgsblumen. Die Autotour endet auf dem Parkplatz nahe dem Fernsehturm. Ab hier kommt man nur noch zu Fuß weiter. Die Fahrt ab Makarska bis zum Parkplatz nahe dem Gipfel dauert ca. eine Stunde.

Das gesamte Biokovo-Gebirge mit dem Berg Sveti Jure, der bis zur Höhe von 1762 m aufsteigt, ist ein typisches Karstgebirge, mit kleineren und größeren Höhlen und Grotten. Botaniker haben hier zahlreiche teilweise sehr seltene Pflanzen aufgespürt. Einen guten Überblick über die heimische Fauna vermittelt auch der Botanische Garten in der Ortschaft Koišina (zwischen Makarska und Tučepi gelegen).

INFORMATIONEN

Über das Naturschutzgebiet Biokovo und die regionale Tier- und Pflanzenwelt informiert die Internetseite www.biokovo.com. Leider bislang nur auf Kroatisch, aber mit guter interaktiver Karte und einer schönen Bildergalerie. Organisierte Wanderungen bietet www.biokovo.net an.

Vom Gipfel des Sveti Jure (▶ S. 86) aus genießt man bei gutem Wetter einen grandiosen Blick über Küste, Meer und die diversen Inseln in der Ferne.

Landeinwärts nach Sinj – Sehenswerte Überraschungen im Hinterland

CHARAKTERISTIK: Ausflug mit dem Auto auf manchmal verkehrsreichen Straßen **DAUER:** 1 Tag **LÄNGE:** Hin- und Rückfahrt ab Split 80 km **EINKEHRTIPP:** In Sinj, Restaurant des Hotels Alkar, Vrlicka 50, Sinj, Tel. 0 21/824474, www.hotel-

alkar.hr €€ **AUSKUNFT:** Fremdenverkehrsbüro Sinj, Put Petrovca 12, 21230 Sinj, Tel. 0 21/82 63 52, www.tzsinj.hr
KARTE ▶ S. 117, D 7–E 6/7

Eine knappe Stunde dauert die Autofahrt von Split bis zur rund 4500 Einwohner zählenden Ortschaft Sinj im Tal des Flüsschens Cetina. Das Landwirtschaftszentrum im Cetina-Tal lag im Krieg mit Jugoslawien 1991 bis 1993 nahe der Front; mehrere Dörfer und Siedlungen in unmittelbarer Nachbarschaft wurden von den serbischen Truppen zerstört. Im Mittelalter kämpften Türken und Venezianer um die Macht über das Städtchen. Auch in römischer Zeit war Sinj schon besiedelt, Osinium war damals der Name der Siedlung.

Split ▶ Sinj

Die Straße zwischen Split und Sinj ist kurvenreich, an manchen Stellen eng und besonders im Sommer äußerst verkehrsreich. Auch viele Lastwagen sind hier unterwegs. Es empfiehlt sich, aufmerksam und nicht zu schnell zu fahren, da Unfälle auf dieser Strecke keine Seltenheit sind. Beherrschendes Bauwerk ist die Maria-Himmelfahrts-Kirche im Orts-

Das Städtchen Sinj (▶ S. 88) liegt im Tal des malerischen Flusses Cetina, der sich in engem Flussbett bis zur Mündung in die Adria bei Omiš schlängelt.

zentrum; in ihr wird das mit Gold umrahmte Bildnis der sogenannten Wundermadonna von Sinj aufbewahrt. Das Museum des Kreises Cetina (**Muzej Cetinske Krajine**) in der A. Kačić-Miočić 5 ist gewöhnlich von montags bis samstags zwischen 9 und 12 Uhr geöffnet und zeigt eine interessante Sammlung von Funden aus der frühen Siedlungsgeschichte von Sinj. Zu sehen sind vor allem Objekte aus der römischen Epoche: Steinwerkzeuge, Schmuck, Öllampen, Waffen, Teile einer Wasserleitung. Ausgestellt sind auch mittelalterliche Funde sowie ein großes Mosaik aus farbigen Steinen, das eine Szene aus dem Kampf gegen die Türken illustriert.

Rundweg sehenswert ist auch das Museum im örtlichen **Franziskanerkloster** in der Šetalište Alojzije Stepinca 1. Die Sammlung im Parterre zeigt vornehmlich archäologische Funde aus römischer Zeit, darunter Inschriften, Steinskulpturen und Sarkophage. Hinein in die ländlichen und folkloristischen Traditionen der jüngsten Vergangenheit führt die Ausstellung in der 1. Etage. Hier sind originelle und typische Gegenstände aus dem Landleben im Kreis Cetina zu betrachten. Das Museum ist nur im Sommer täglich geöffnet.

Kulinarische Spezialität von Sinj sind die kleinen, mit Sauerkrautblättern umwickelten Rindfleischrouladen, »arambašići«. Auch getrocknetes und geräuchertes Hammelfleisch, »koštradina«, Flusskrebse, Froschschenkel sowie in Maismehl gewälzte und dann gegrillte Forellen werden als Spezialitäten der Gegend angeboten. Erlebenswert ist auch der Wochenmarkt von Sinj, auf dem vornehmlich Obst und Gemüse, Honig und Trockenfrüchte aus der Region verkauft werden.

Das Hotel Alkar ist das einzige moderne Hotel im Zentrum der Ortschaft. Im hoteleigenen Restaurant können typische Spezialitäten der Region verkostet werden.

Wenn man während der Hauptsaison, besonders im August, dort übernachten möchte, sollte man reservieren lassen.

Über das Fremdenverkehrsbüro (nur in der Saison besetzt) kann man sich auch zum Reiterfest, das in der 1. oder 2. Augustwoche stattfindet, detailliert informieren. Dieses Fest in Erinnerung an den Sieg über die Türken im Jahr 1715 wird mit spektakulären Reiterspielen in traditionellen Kostümen gefeiert und einen Ausflug nach Sinj unbedingt wert.

Alka, der Name des Ritterspiels, stammt aus dem Türkischen und bezeichnet zwei konzentrische Eisenringe, die mit drei ebenfalls aus Eisen bestehenden Stäben verbunden sind. Während der **Sinjska Alka** müssen die teilnehmenden Reiter mit einer Lanze auf die Alka zielen. Für einen Treffer im zentralen Ring werden drei Punkte vergeben. Treffer im oberen Drittel bringen zwei, in den beiden unteren Dritteln je einen Punkt. Der Reiter, der nach drei Durchgängen die höchste Punktzahl erreicht, wird zum Sieger erklärt. Während der Sinjska Alka erlebt die Stadt einen enormen Besucherandrang. Die Tribünenplätze am Rand der Ritterspiele sind gewöhnlich schon Monate vorher ausverkauft, und nur wer sehr früh erscheint, hat die Chance auf einen der begehrten Stehplätze am Rand des Geschehens.

Zu den Krka-Wasserfällen ⑩ – Natur-begegnungen im Nationalpark

CHARAKTERISTIK: Ausflug mit dem Auto auf gut ausgeschilderter Route **DAU-ER:** Halbtages- oder Tagestour **LÄNGE:** ab Šibenik 15 km **EINKEHRTIPP:** Restaurant Zlatne Školjke, Grgura Ninskog, Skradin, Tel. 0 21/77 10 22, www.zlatne-skoljke.com €€ **AUSKUNFT:** Fremdenverkehrsbüro Skradin, Obala bana Šu-bića 1, Tel. 0 22/77 13 06, www.skradin.hr • Informationsbüro des National-parks, Trg Ivana Pavla II br. 5, Šibenik, Tel. 0 22/21 77 20 und 21 77 30

KARTE ▶ S. 115, E 4–E 3

Mit Wucht stürzt die Krka in Kas-kaden talwärts. Dieses Naturschau-spiel lohnt die manchmal etwas be-schwerliche Anfahrt von der Küste.

Die östlich der Stadt **Knin** entsprin-gende Krka fällt auf ihrem rund 70 km langen Weg zur Mündung nahe der Stadt Šibenik über mehrere große Kalkterrassen insgesamt um mehr als 300 m ab und bildet dabei ungezählte kleine und große Kaska-den. Der wasserreiche Fluss hat an einigen Stellen auch enge, teilweise bis zu 200 m tiefe Kerbtäler ausge-waschen. Mehr als 110 qkm dieser Landschaften an den Ufern der Krka sind seit 1985 als Nationalpark aus-gewiesen. Hier existieren mehr als 850 Pflanzenarten, 18 Fisch-, 18 Fle-dermaus- und 220 Vogelarten. Die Seerosen-, Binsen- und Schilfgür-tel an den Ufern der Gewässer sind reich an Amphibien und Insekten. Bei den Greifvögeln dominieren Ha-bichte und Falken. Wildtauben und Nachtigallen sind stark verbreitet.

Für den Aufenthalt im Nationalpark gelten strikte Regeln. Besucher dür-fen nur an den gekennzeichneten Stellen im Fluss schwimmen. Es darf nur mit ausdrücklicher Genehmi-gung gefischt werden. Vor allem aber werden Besucher angehalten, keine

Pflanzen zu pflücken oder zu beschä-digen, kein offenes Feuer anzuzün-den, keinen Müll wegzuwerfen und nicht wild am Flussufer zu campen.

Šibenik ▶ Nationalpark Krka

Den **Nationalpark Krka** erreicht man am besten von Šibenik aus. Von hier ist die Anfahrt gut ausgeschil-dert. Sie führt zunächst auf der Landstraße in Richtung Drniš nord-ostwärts. Nach rund 10 km biegen wir bei Lozovac nach links von der Landstraße ab und folgen der Be-schilderung. Nach weiteren 5 km ist der erste Parkplatz des National-parks erreicht. Hier muss das Auto abgestellt werden. Für den Besuch des Nationalparks wird ein Ein-trittsgeld erhoben, das für Erwach-sene je nach Saison zwischen 30 und 95 Kuna schwankt. 95 Kuna sind von Juni bis September zu entrichten. Bei Kindern liegt der Eintrittspreis zwi-schen 20 und 70 Kuna.

Mehrere Wege führen zu den Stel-len, von denen aus die Kaskaden am besten betrachtet werden können. Die spektakulärste Kaskade heißt **Skradinski buk**, sie ist 46 m hoch, 500 m lang und 200 m breit. Über 17 Stufen fällt der Fluss hier, beglei-tet von starkem Rauschen und un-gestümer Gischt, talwärts. Zu dieser

Kaskade werden Schiffsausflüge angeboten. Auch der etwa 15 km nordwärts gelegene **Roški slap** ist ein grandioser, sehenswerter Wasserfall. In einigen Bassins, die der Fluss im unteren Bereich der Kaskaden bildet, ist das Baden erlaubt. Liegewiesen laden zum Sonnen ein.

In der Saison werden Schiffsausflüge zur mitten in der Krka gelegenen **Insel Visovac** angeboten, auf der sich ein Franziskanerkloster befindet. In dem aus dem 15. Jh. stammenden Kloster kann eine Sammlung kostbarer Bücher, Urkunden und anderer sakraler Kunstwerke besichtigt werden.

Skradinski-Wasserfälle ▶ Skradin

Nahe den Skradinski-Wasserfällen liegt die rund 3800 Einwohner zählende Ortschaft **Skradin**, die in illyrischer Zeit Scardona hieß. Die Ortschaft verfügt über eine moderne geschützte Marina (www.aci-club.hr) und versucht in letzter Zeit immer deutlicher, ihre touristischen Vorzüge herauszustellen. Ab hier können Kajakausflüge auf der Krka unternommen werden. Auch Fahrrad- und Wandertouren werden angeboten.

Einen sehr guten Ruf hat die Umgebung von Skradin bei den Ruderern. Der nahe der Ortschaft gelegene See sowie der gesamte Mündungsbereich des Krka-Flusses bieten Ruderern fast perfekte Trainingsbedingungen. Das Anwachsen der örtlichen Marina und die große Zahl der Wassersportler im Sommer hat auch das kulinarische Angebot in der örtlichen Gastronomie verbessert. Inzwischen verfügt die Ortschaft über gute Restaurants und Weinstuben.

Interessant für Wanderer dürfte ein Besuch der archäologischen Fundstätte **Bribirska glavica** sein. Sie befindet sich rund 15 km von Skradin entfernt nahe dem Ort Bribir. Die Ausgrabungsstätte liegt auf einem 300 m hohen Berg. Auf dem 72 000 qm großen Plateau sind Überreste von Zisternen, Sarkophagen, sakralen Bauten sowie Festungsmauern zu sehen. Angeblich befand sich hier in antiker Zeit über 6000 Jahre lang das bedeutendste Siedlungszentrum der Region.

Die Krka-Wasserfälle (▶ S. 90) laden zum Baden und Sonnen ein.

INFORMATIONEN

Die Internetseite www.npkrka.hr informiert die Besucher über die Flora und Fauna des Nationalparks, mögliche Besichtigungen und Ausflüge, die günstigsten Anreiserouten sowie über die aktuellen Eintrittspreise. Öffnungszeiten der Kaskaden: Skradinski buk 8–20, Roški slap 9–18 Uhr.

Über die Insel Korčula – Mediterrane Landschaft und gepflegte Weinkultur

CHARAKTERISTIK: Ausflug mit dem Fahrrad, nur für geübte, bergerfahrene Fahrradfahrer geeignet **DAUER:** Tagesausflug **LÄNGE:** Hin und zurück knapp 100 km **EINKEHRTIPP:** Konoba Mate, Nr. 28, Tel. 0 20/71 71 09, www.pupnat.com €

 **AUSKUNFT:** Fremdenverkehrsbüro, Ul. 41 br., Vela Luka, Tel. 0 20/81 36 19, www.tzvelaluka.hr

KARTE ▸ S. 119, E 11–D 11

Die Tour beginnt in der Inselmetropole Korčula im Osten des lang gestreckten Eilands. Wir radeln bis zur Hafenortschaft **Vela Luka** im Westen der Insel und dann wieder zurück zum Ausgangspunkt. Vor allem im ersten Teil der Fahrt steigt die Straße auf 200 bis 300 m an. Die Tour vermittelt einen interessanten Einblick in die Landschaften Korčulas. Die Straßenqualität ist solide und für Fahrradtouren gut geeignet. Wer kein eigenes Fahrrad zur Verfügung hat, kann sich in Korčula-Stadt ein Fahrrad beispielsweise im Hotel Liburna (Tel. 0 20/71 10 06 und 72 60 26) ausleihen.

Noch ein wichtiger Hinweis: Die ambitionierte Fahrradtour ist durchaus an einem kompletten Ausflugstag zu bewältigen, vor allem dann, wenn man früh am Morgen aufbricht. Wem allerdings die beschriebene Distanz zu weit erscheint, der kann auch schon in Smokvica oder Blato umkehren und sich den Weg nach Vela Luka ersparen. Grundsätzlich ist es auch möglich, den Rückweg nicht per Fahrrad, sondern mit einem öffentlichen Bus zu bewältigen und das Fahrrad im Bus mitzunehmen. Ab Vela Luka verkehren mehrmals am Tag Busse nach Korčula-Stadt; sie halten in Blato, Smokvica und anderen Orten auf der Strecke.

Über die Abfahrtzeiten der Busse informieren die örtlichen Fremdenverkehrsbüros. Nun aber endlich los!

Altstadt Korčula ▸ Čara
Die Straße steigt ab der Altstadt von Korčula in Kurven an. Die schlimmsten Steigungen sind überwunden, sobald wir die Ortschaft **Žrnovo** erreicht haben. Wir fahren nun auf das kleine Dorf **Pupnat** zu.

Weiter geht die Fahrt – nun ohne größere Steigungen – durch die gepflegte Kulturlandschaft im Zentrum der Insel. Vor allem Weintrauben der regionaltypischen Sorte Pošip werden hier angebaut. Daraus wird von der örtlichen Genossenschaft bzw. privaten Winzern ein Weißwein mit charakteristischem Geschmack gekeltert. Zentrum des Anbaugebiets sind die beiden Straßendörfer **Čara** und **Smokvica**. Wer sich für den Weißwein der Gegend interessiert, mag in Čara (Haus Nr. 158) die beiden Brüder Jurica und Mladen Šain (Tel. 0 20/83 31 66 und 83 40 01) aufsuchen. Sie stellen einen Pošip der Spitzenklasse her, der ein subtiles Pfirsicharoma aufweist.

Blato ▸ Vela Luka
Von Smokvica aus erreichen Sie nach rund 12 km die Ortschaft **Blato**. Sie liegt nahe dem fruchtbaren Agrargebiet Blatsko polje. In der Umgebung werden im großen Stil Oliven ange-

baut. Den Ortskern von Blato erreichen wir über eine rund 2 km lange Lindenallee. Im Zentrum steht die Pfarrkirche Svi Sveti.

Die Kirche verfügt über eine reiche Silbersammlung, in der sich auch venezianische Kruzifixe aus dem 18. Jh. befinden. Der örtlichen Schutzpatronin Sveta Vicenca (Heilige Vizenza) wird am 28. April ein großes Fest mit abwechslungsreichem Kultur- und Unterhaltungsprogramm gewidmet. Aufgeführt wird dabei das Ritterspiel Kumpanija. Zwei Armeen kämpfen miteinander und müssen ihre Bereitschaft zur Verteidigung der Heimat unter Beweis stellen. Fahnentänze, Dudelsackmusik und dumpfe Klänge der großen Kriegstrommel begleiten die Festlichkeiten. Ehemals gehörte auch eine traditionelle Stieropferung dazu, sie wurde allerdings inzwischen abgeschafft.

Weitere 7 km sind es nun noch bis nach **Vela Luka**, der Hafenortschaft am westlichen Ende der Insel, wo auch die Fähre nach Hvar, Lastovo und Split abfährt, in der Saison auch Boote zu Badeinseln. Die Ortschaft, mit nahezu 5000 Einwohnern die größte Siedlung der Insel, besitzt eine Reha-Klinik, in der rheumatische Beschwerden mit Heilschlamm behandelt werden.

Während der Rückfahrt ist ein kulinarischer Besuch in der Ortschaft Pupnat zu empfehlen. In der familiär und sympathisch geführten Konoba Mate (Mo–Sa 11–14 und 19–23, So 18–23 Uhr) werden hausgemachte Speisen wie Schinken, Käse, Gemüse-Delikatessen, Nudelgerichte, außerdem eigene Liköre, Trester und Weine aufgetischt. Das rustikale regionaltypische Ambiente überzeugt ebenso wie die angebotenen Produkte.

In einer tief eingeschnittenen Bucht der Ortschaft Vela Luka (▶ S. 71) liegt der geschützte Fähr- und Fischerhafen mit Cafés und Tavernen.

Wanderungen auf den Sveti Ilija – Urwüchsige Natur und weite Blicke

CHARAKTERISTIK: Bergwanderung mit steilem Aufstieg, anspruchsvoll, aber nicht gefährlich **DAUER:** Aufstieg und Abstieg jeweils ca. 3 Stunden, insgesamt Tagesausflug **LÄNGE:** ca. 12 km durch steiles Gebirgsgelände **EINKEHRTIPP:** Konoba Pelješki Dvori, Obala Pomoraca 36, Orebić, Tel. 0 20/71 33 € **AUS-**

KUNFT: Fremdenverkehrsbüro Orebić, Zrinsko-frankopanska 2, Tel. 0 20/71 37 18, www.tz-orebic.hr

KARTE ▸ S. 119, E 11

Die Wanderung ist zwar nicht schwierig oder riskant, erfordert aber doch eine gute Kondition und Erfahrung mit Bergwanderungen. Auch sollte man trittsicher und schwindelfrei sein. Unerlässlich sind solide Wanderschuhe und wetterfeste Kleidung – selbst im Sommer kann es auf dem Gipfel windig und kühl sein. Trinkwasser und Verpflegung sind ebenso mitzubringen, sinnvoll ist zudem die Mitnahme eines Fernglases.

Sinn macht diese Gipfelwanderung nur an klaren Gutwetter-Tagen. Bei Nebel, Regen oder heftigen Winden sollte man die Wanderung auf einen günstigeren Tag verschieben, der den Gipfelstürmer auch mit weiten Ausblicken belohnt. Grundsätzlich gibt es mindestens zwei Aufstiegsrouten. Die erste beginnt in der Ortschaft **Orebić**. Wir gehen auf der Küstenstraße, die durch den Ort führt, westwärts (im weitesten Sinn in Richtung **Kućište**) bis zum Hotel Bellevue auf der linken Seite. Bald hinter dem Hotel biegt rechts eine asphaltierte Straße ab. Sie führt recht steil den Hang hinauf bis zum Franziskanerkloster (Franjevački samostan). Wir folgen der Straße am Kloster vorbei und erreichen nach wenigen Minuten den Weiler Bilopolje. Hier zweigt rechts

der Wanderweg zum Sveti Ilija ab, der üblicherweise mit einem rot-weißen Farbsymbol gekennzeichnet ist. Dieser Wanderweg – es folgt nun die anstrengendste Etappe – steigt in Kehren steil den Hang empor und führt dann in einen Wald hinein bis zu einer Weggabelung. Hier kreuzt die zweite Aufstiegsroute, die ebenso beschrieben werden soll:

Von der Küstenortschaft **Orebić** aus fahren wir zunächst mit dem Auto (oder Taxi) westwärts an der Küste entlang über **Kućište** und **Viganj** bis zur kleinen Kapelle **Sveti Ivan**. Hier steigt die Straße am Hang empor in Richtung Lovište. Ungefähr 3 km ab der Kapelle Sveti Ivan biegt rechts von der Straße an einem kleinen Häuschen aus Zementsteinen unser Wanderweg ab. Auf dem Häuschen steht »Sv. Ilija, G. Nakovana« geschrieben. Außerdem ist der Weg mit einem rot-weißen Kreissymbol – später dominiert ein rot-weißes Strichsymbol – gekennzeichnet.

Gornja Nakovana ▸ Berghütte

Der Weg führt zunächst an der verlassenen Ortschaft **Gornja Nakovana** vorbei (unbedingt dem rot-weißen Strichsymbol folgen) und steigt dann mehr und mehr an. Nun dominieren Steineichen und Erdbeerbäume sowie aromatische Kräuter

Die anspruchsvolle Wanderung auf den Sveti Ilija beginnt im Badeort Orebić (▶ S. 72). Hier kann man nach den Anstrengungen auch gemütlich einkehren.

das Landschaftsbild. Immer mehr schlängelt sich der gut ausgetretene Weg hinauf in die Berge.

Nach etwa einer Stunde ist eine kleine Berghütte erreicht. Vor ihr steht eine alte Steineiche. Weiter verläuft der Aufstieg größtenteils durch ein schattiges Waldgebiet. Bald erreichen wir die besagte Weggabelung, wo wir auf die beschriebene Aufstiegsroute von **Orebić** treffen. Wir folgen nun weiter bergan dem rot-weißen Symbol durch die Wälder. Nach einer weiteren Stunde ist die massiv aus Steinen gemauerte Berghütte erreicht, die noch aus der österreichisch-ungarischen Zeit stammt. Die Schutzhütte ist normalerweise geöffnet. Innen gibt es einige doppelstöckige Betten und eine kleine Küche. Schon von hier genießen wir einen grandiosen Blick.

Karstfelsen ▶ Gipfelkreuz

Nun folgt die letzte Etappe des Aufstiegs; sie dauert ca. 30 Min. Der Weg führt durch Wald, dann aber über spitze Karstfelsen bis hinauf zum Gipfelkreuz. Der Rundblick von hier oben ist wirklich einzigartig. Zur Meerseite hin erkennt man Korčula und – an klaren Tagen – in der Ferne die Inseln Mljet und Lastovo. Zur Landseite hin schweift der Blick hinunter auf die kleine Ortschaft Duba, die Ostspitze der Insel Hvar, die Makarska Riviera und das Neretva-Delta. Vom Gipfelkreuz aus führt eine Art Ziegenpfad weiter ostwärts auf der Höhe zu einem Felsvorsprung, wo der Pfad endet. Von dieser Stelle aus kann man an klaren Tagen auf Orebić und die gesamte Küstenlinie schauen.

Für den Rückweg sollte man sich Zeit nehmen. Der Weg führt steil abwärts und verlangt Trittsicherheit und stetige Konzentration. Wer den Abstieg nach Orebić wählt, muss auch den ein oder anderen Geröllhang queren.

Auf Hvar (▶ S. 61) leben noch einige
Menschen vom Fischfang. Auch das
Netzeflicken gehört zum Arbeitsalltag
der dalmatinischen Fischer.

Wissenswertes über
Kroatiens südliche Küste

Nützliche Informationen für einen gelungenen
Aufenthalt: Fakten über Land, Leute und Geschichte
sowie Reisepraktisches von A bis Z.

Auf einen Blick

Mehr erfahren über Kroatien und seine südliche Küste – Informationen über Land und Leute, von Bevölkerung über Politik und Sprache bis Wirtschaft.

AMTSSPRACHE: Kroatisch
EINWOHNER: 4,441 Mio., davon 861 000 in Dalmatien
FLÄCHE: 56 542 qkm, davon ca. 13 000 qkm Dalmatien
GRÖSSTE STADT: Split (in Dalmatien)
INTERNET: www.croatia.hr, www.dalmatia.hr
RELIGION: ca. 90 % Katholiken, 10 % Moslems und orthodoxe Christen
WÄHRUNG: Kuna

Bevölkerung

Von den rund 4,4 Mio. Kroaten leben rund 800 000 in der Landeshauptstadt Zagreb. Größte Stadt der südlichen Küstenregion Dalmatien ist die Stadt Split mit ca. 200 000 Einwohnern. Weitere bedeutende Städte Dalmatiens sind Zadar, Šibenik und Dubrovnik. Ein Großteil der dalmatinischen Bevölkerung lebt in kleineren Ortschaften bzw. auf den Inseln.

Lage und Geografie

Dalmatien grenzt im Nordwesten an die kroatische Region Kvarner, im Nordosten an Bosnien und Herzegowina sowie im Südosten an Montenegro. Ein Großteil der Region ist von Gebirgen aus Karstgestein geprägt. Als höchste Erhebung gilt der 1762 m hohe Sveti Jure nahe der Makarska Riviera. Im Bereich der Halbinseln und Inseln dominiert der Sveti Ilija mit 961 m. Der Küsten-

◄ Im tiefen Keller auf der Insel Brač
(► S. 57) lagert guter Wein.

bereich und die Inseln sind stark vom adriatischen Klima geprägt. Das Hinterland zeigt ein kontinentales Klima.

Politik und Verwaltung

Mit dem Tod des Staatspräsidenten und HDZ-Gründers Franjo Tudjman im Dezember 1999 endete eine Epoche autoritären Regierungsstils mit nationalistischem Charakter und eingeschränkten demokratischen Rechten. Seit Januar 2010 ist Ivo Josipović von den Sozialdemokraten Staatspräsident. Er repräsentiert einen volksnahen, toleranten und modernen Politikstil, der den Übergang Kroatiens zur EU moderieren will. Außerdem hat er das Land für ausländische Investitionen geöffnet und die Verkehrswege modernisiert.

Im Küstenbereich ist Kroatien in die drei historischen Regionen Istrien, Kvarner und Dalmatien unterteilt. Letztere gliedert sich in die Verwaltungseinheiten (Gespanschaften) Zadar, Šibenik-Knin, Split-Dalmatien und Dubrovnik-Neretva.

Religion

Nahezu 90 Prozent der Kroaten bekennen sich zum römisch-katholischen Christentum. Der Rest gehört dem muslimischen oder orthodoxen Glauben an. Das Bekenntnis der Kroaten zum Christentum drückt sich auch bei den Patronatsfesten und bei der Heiligenverehrung aus.

Sprache

Grundlegende Verkehrssprache ist Kroatisch in lateinischer Schrift. Innerhalb des Kroatischen gibt es einzelne Dialekte, die für den Touristen aber nicht bemerkbar sind. In den touristischen Zentren längs der Küste oder auf den Inseln versteht das Fachpersonal Deutsch, meist auch Englisch. Auch viele touristische Prospekte oder Internet-Informationen sind auf das deutsche Publikum ausgerichtet. Verständigungsprobleme gibt es in der Regel nicht.

Wirtschaft

Die wirtschaftlichen Probleme Kroatiens sind nach wie vor gravierend. Die hohe Mehrwertsteuer und die hoch bewertete nationale Währung Kuna sorgen für ein gehobenes Preisniveau bei geringen Einkommen. Auch im Export tut sich die kroatische Wirtschaft schwer. Nur wenige kroatische Produkte sind auf den Weltmärkten konkurrenzfähig. Bedeutendster Wirtschaftsfaktor in den Küstenbereichen ist mit Abstand der Tourismus. Ein Rückgang der Geschäfte im touristischen Sektor macht sich im gesamten Wirtschaftspotenzial Kroatiens negativ bemerkbar.

Eines der Kernprobleme der Wirtschaft ist die hohe Verschuldung vieler genossenschaftlicher, staatlicher oder privater Firmen. Vor allem kleinere und mittelgroße Unternehmen verfügen meist nicht über genügend Rücklagen und Eigenkapital, um dauerhaft erfolgreich zu wirtschaften und international zu bestehen. Verschärft wird die wirtschaftliche Strukturkrise durch die hohe Arbeitslosigkeit; unter den Jugendlichen ist sie besonders hoch. Oft fehlt es den Jugendlichen an einer qualifizierten Ausbildung.

Geschichte

2. Jahrtausend v. Chr.

Illyrische Stämme dringen in den Raum östlich der Adria vor. Einer dieser Stämme, die Delmaten oder Dalmaten, siedeln zwischen den Flüssen Krka und Neretva. Von diesem Stamm leitet sich der Name Dalmatien ab.

2. Jh. v. Chr.

Die Römer besiegen die Illyrer und gliedern die Provinz Illyricum in das Römische Reich ein.

Ende 3. Jh./Anfang 4. Jh.

Unter dem Kaiser Diokletian entsteht in Split der Diokletian-Palast.

12.–14. Jh.

Wirtschaftliche und kulturelle Blüte Dalmatiens unter der venezianischen Herrschaft.

ab 1409

Dalmatien wird für 100 000 Dukaten vom ungarischen König Ladislaus an Venedig verkauft. Nur die Stadtrepublik Ragusa (Dubrovnik) kann sich durch geschicktes Lavieren der Macht Venedigs entziehen und ihre Unabhängigkeit bewahren.

ab 1797

Der Machtperiode Venedigs wird durch die Habsburger ein Ende bereitet.

1805

Napoleon erobert Venedig. Für wenige Jahre übernimmt Frankreich die Macht in Dalmatien. Dubrovnik verliert seine Unabhängigkeit und wird unter den Franzosen an Dalmatien angegliedert.

1814/1815

Nach dem Wiener Kongress wird Dalmatien wieder der k. u. k. Monarchie zugesprochen und ab 1816 zu einem eigenen Teilkönigreich erhoben.

1918/1919

Nach dem Ende des Ersten Weltkrieges und dem Zusammenbruch Österreich-Ungarns wird das gesamte dalmatinische Territorium dem Königreich der Serben, Kroaten und Slowenen (SHS), dem späteren Königreich Jugoslawien, zugesprochen.

1939–1945

Das ehemalige Königreich Jugoslawien wird im Zweiten Weltkrieg zerschlagen und zwischen Deutschland, Italien und Ungarn aufgeteilt. Vom faschistischen Deutschland und Italien unterstützt, bildet sich ein eigener kroatischer Staat unter Führung von Ante Pavelić.

Auf dem Territorium des ehemaligen Königreiches Jugoslawien kommt es zu einem grausamen Bürgerkrieg zwischen den Volksgruppen. Partisanen organisieren den Widerstand gegen die italienischen, deutschen und kroatischen Faschisten. Führer der Partisanen wird der Kroate Josip Broz, der sich im Untergrund Tito nennt.

1945/1946

Gründung der »Sozialistischen Föderativen Volksrepublik Jugoslawien« unter Führung von Tito und der Kommunistischen Partei. Kroatien wird eine der sechs Volksrepubliken.

1980

Nach dem Tod Titos verschärfen sich die Spannungen im Vielvölkerstaat Jugoslawien. Auch die Wirtschaftslage verschlechtert sich.

1991–1995

Kroatien erklärt 1991 seine staatliche Souveränität. Es kommt zum Krieg zwischen Kroatien und der von den Serben beherrschten jugoslawischen Armee, die Teile Kroatiens besetzt.

Dubrovnik, Zadar, Šibenik und andere Küstenstädte werden von der jugoslawischen Armee beschossen. Kroatien erobert einen Großteil der von den Serben besetzten Gebiete zurück.

Unter dem Druck der UN und der USA unterzeichnen Serben, Kroaten und Bosnier Ende 1995 das Friedensabkommen von Dayton.

1999

Der Kosovo-Krieg stürzt insbesondere den Süden Dalmatiens erneut in eine touristische Krise. Sie führt zum Ausbleiben von wichtigen Deviseneinnahmen und bei kleinen wie großen touristischen Betrieben zu gravierenden Problemen bei der Rückzahlung von aufgenommenen Krediten.

Tod des kroatischen Staatspräsidenten Franjo Tudjman im Dezember.

2000

Die kroatische Opposition gewinnt die Parlamentswahlen. Die bisherige Regierungspartei HDZ (Kroatische Demokratische Gemeinschaft) verliert die Macht. Es kommt zu einer neuen Regierung unter der Führung des Sozialdemokraten Ivica Račan. Die neue Regierung verspricht eine umfassende Steuer- und Wirtschaftsreform, Maßnahmen gegen Vetternwirtschaft und Korruption sowie eine Politik, die Kroatien schrittweise an die Europäische Union und die Nato heranführen soll.

Stjepan Mesić von der Volkspartei HNS wird neuer Staatspräsident Kroatiens. Er setzt sich in aller Deutlichkeit von der Politik seines Vorgängers Franjo Tudjman ab, verspricht mehr Bürgernähe, mehr demokratische Freiheiten und die Abschaffung von unberechtigten Privilegien für Mitglieder des Staatsapparates.

2001

Unterzeichnung eines Stabilisierungs- und Assoziierungsabkommens mit der Europäischen Union.

2003

Ivo Sanader von der Partei HDZ wird neuer Chef einer Minderheitsregierung. Sie verfolgt die Annäherung an EU und NATO, die Aussöhnung mit den Nachbarstaaten und will vor allem die wirtschaftliche Entwicklung des Landes vorantreiben.

2006

Die neue Autobahn von Zagreb bis Split wird eröffnet. Weitere Teilstücke des modernen kroatischen Autobahnnetzes befinden sich im Bau.

2011

Kroatien unterzeichnet den EU-Beitrittsvertrag. Die Mitgliedschaft wird für 2013 vereinbart.

2012

Im Juli findet in Šibenik zum 52. Mal das Internationale Kinderfestival statt

Sprachführer Kroatisch

Zur Aussprache

c – wie »tz« in Katze

č – stimmloses »tsch« wie in Tschechien

ć – wie das »tch« in Pfötchen

dž – stimmhaft, wie »dsch« in Dschunke

h – wie das »ch« in Dach

š – stimmloses »sch« wie in Schotte

v – wie »w« in Watt

z – stimmhaftes »s« wie in Hose

ž – stimmhaftes »sch« wie »j« in Journal oder »g« in Hotelpage

Wichtige Wörter und Ausdrücke

ja – da [da]

nein – ne [nä]

bitte … – molim … [molim]

danke – hvala [chwala]

und – i [i]

Wie bitte? – Molim? [molim]

Ich verstehe nicht. – Ne razumijem. [ne rasumijem]

Entschuldigen Sie! – Oprostite! [oprostite]

Guten Tag! – Dobar dan! [dobar dan]

Guten Morgen! – Dobro jutro! [dobro jutro]

Guten Abend! – Dobra večer! [dobra wetscher]

Gute Nacht! – Laku noć! [laku notch]

Auf Wiedersehen! – Dovidenja! [dovidschenja]

heute – danas [danas]

gestern – jučer [jutscher]

morgen – sutra [sutra]

Wie geht es Ihnen? – Kako ste? [kako ste]

Gut – dobro [dobro]

Schlecht – loše [losche]

Es geht – tako-tako [tako-tako]

Sprechen Sie Englisch/Deutsch – Govorite li [govorite li] engleski [engleski]/njemački [njematschki]

Wie heißen Sie? – Kako se zovete? [kako se sowete]

Ich heiße … – Zovem se … [sowem se]

Wer? – tko? [tko]

Was? – što? [schto]

Wo? – gdje? [gdjä]

Wie? – kako? [kako]

Welcher? – koji? [koji]

Welche? – koja? [koja]

Wann? – kada? [kada]

Warum? – zašto? [saschto]

Zahlen

eins, ein, eine – jedan, jedno, jedna [jedna, jedno, jedna]

zwei – dva [dva]

drei – tri [tri]

vier – četiri [tschetiri]

fünf – pet [pet]

sechs – šest [schest]

sieben – sedam [sedam]

acht – osam [osam]

neun – devet [dewet]

zehn – deset [deset]

hundert – sto [sto]

tausend – tisuću [tisutchu]

Wochentage

Montag – ponedjeljak [ponedjeljak]

Dienstag – utorak [utorak]

Mittwoch – srijeda [srjeda]

Donnerstag – četvrtak [tschetwrtak]

Freitag – petak [petak]

Samstag – subota [subota]

Sonntag – nedjelja [nedjelja]

Mit und ohne Auto unterwegs

Wo ist …? – Gdje je …? [gdjä je]

Bank – banka [banka]

Fremdenverkehrsbüro – Informacije za turiste [informazi-je za turiste]

Autovermietung – ured za iznajmljivanje automobila [ured sa isnajmlji-vanje automobila]

links – lijevo [ljewo]

rechts – desno [desno]

Tankstelle – benzinska pumpa [bensinska pumpa]

bleifrei – bez olova [bes olowa]

Super – super [super]

Normal – benzin [bensin]

Diesel – dizel [disel]

Bitte volltanken. – Napunite do kraja, molim. [napunite do kraja molim]

Ich hatte einen Unfall. – Imao sam nesreću. [imao sam nesretchu]

Wo kann ich das Auto reparieren lassen? – Gdje mogu repapopraviti auto? [gdjä mogu poprawiti auto]

Übernachten

Hotel – hotel [hotel]

Zimmer – soba [soba]

Wo finde ich eine Pension/ein Hotel? – Gdje ovdje ima pension/hotel? [gdjä owdje imapension/hotel]

Haben Sie noch ein Zimmer frei? – Imate li slobodnih soba za večeras? [imatä li slobodnih soba sa wätschäras]

Reservierung – rezervacija

reserviert – [räsärwazija]

ausgebucht – zauzeto [sauseto]

Wir suchen ein Zimmer für eine Nacht. – Tražimo sobu za jednu noć. [trazhimo sobu za jednu notch]

…mit Frühstück/Mittag-/ Abendessen – sa doručkom/ručkom/večerom [sa dorutschkom/rutschkom/wätschärom]

Ich nehme es. – Kupujem [kupujäm]

Nehmen Sie Kreditkarten? – Primate li kreditne kartice? [primatä li kräditnä kartizä]

Essen und Trinken

Kellner! – Konobar! [konobar]

Speisekarte – jelovnik [jälownik]

Frühstück – doručak, zajutrak [dorutschak, sajutrak]

Mittagessen – ručak, objed [rutschak, objäd]

Abendessen – večera [wätschära]

Ich nehme …, bitte. – Ja ću … molim. [ja tchu … molim]

Die Rechnung, bitte. – Molim donesite račun. [molim donäsitä ratschun]

Einkaufen

Wo kann man … kaufen? – Gdje se može kupiti …? [gdjä sä mozhä kupiti …]

Ich möchte … kaufen. – Htio bih kupiti … (m.). [chtio bich kupiti …] Htjela bih kupiti … (w.) [chtjäla bich kupiti …]

Haben Sie … – Imate li …? [imatä li]

Wie viel kostet das? – Pošto je ovo? [poschto jä owo]

Das ist mir zu teuer. – To mi je skupo. [to mi jä skupo]

Was ist das? – Što je ovo? [schto jä owo]

Geschäft – dućan [dutchan]

Markt – tržnica [trzhniza]

offen, geöffnet – otvoreno [otworäno]

geschlossen – zatvoreno [satworäno]

Postkarte – razglednica [rasglädniza]

Briefmarke/nach Deutschland/ Österreich/in die Schweiz – poštanske marke [poschtanskä markä] za Njemačku [sa njämatschku]/Austriju [austriju]/Švicarsku [schwizarsku]

Kulinarisches Lexikon

A

ajvar – pikante Würzbeilage für Fleischgerichte

arbun – Rotbrasse

B

bakalar – Stockfisch

bijeli luk – Knoblauch

bijeli sir – Frischkäse, Quark

biska – spezieller Schnaps

blitva – Mangold

boca – Flasche

brački sir – Schafskäse von der Insel Brač

breskva – Pfirsich

burek – gefüllte Pasteten

C

čaj – Tee

čaša – Glas

čevapčići – gegrillte Hackfleisch-röllchen

cipal – Meeräsche

D

dagnje – Miesmuscheln

debit – regionaler Weißwein

dinja – Honigmelone

dingač – lokaler Rotwein

divlač – Wild

doručak – Frühstück

F

fuži – Maultaschen

G

gostiona – Gaststätte

govedina – Rindfleisch

grožđe – Weintrauben

H

hladno – kalt

hobotnica na salatu – Tintenfisch-salat

hrvatica – lokaler Roséwein (trocken)

J

jabučni sok – Apfelsaft

jabuka – Apfel

jagode – Erdbeeren

jaja – Eier

jajana oko – Spiegelei

janjetina – Lammfleisch

jesti – essen

juha – Suppe

K

kakao – Kakaogetränk

kava – Kaffee

kiselo – sauer

kolač – Kuchen

komad – Stück

konoba – Weinkeller

konobar, molim – Herr Ober, bitte

kozji sir – Ziegenkäse

kruh – Brot

krumpir – Kartoffel

kruška – Birne

kupus – Kohl

L

lignja – Tintenfisch

limun – Zitrone

limunada – Limonade

lozovača – Traubentrester

M

mahune – grüne Bohnen

malvazija: lokaler Weißwein (trocken)

maslac – Butter

masline – Oliven

med – Honig

meso – Fleisch

mineralna voda – Mineralwasser

minestra – Gemüseeintopf

mlijeko – Milch

N

na buzaru – gedünstet
na lešo – gekocht
naranča – Apfelsine
na žaru – vom Rost, vom Grill

O

odojak – Ferkel
omlet sa sirom – Omelett mit Käse
orada – Goldbrasse
orahovac – Walnusslikör
orahovica – Walnussschnaps
orgula – regionales Olivenöl
oslić – Seehecht
ovčji sir – Schafskäse

P

papar – Pfeffer
patka – Ente
pečeni krumpir – Bratkartoffeln
pelinkovac – Magenbitterlikör
perad – Geflügel
piće – Getränk
pikantno – pikant
pile – Hühnchen
piti – trinken
pivo – Bier
pošip – kroatischer Weißwein
povetica – Kuchen, eine Strudelart
povrče – Gemüse
prošek – Süßwein
pršut – Schinken
pljeskavica – gegrillte Bulette
pola kilogram – Pfund
prč – regionaler Muskatwein
prstači – Steinbohrermuschel
pura – Maisbrei, Polenta
purica – Truthahn

R

račiči – Garnelen
rak – Krebs
ražnjići – gemischte Fleischspieße
resanci – Nudeln
riba – Fisch
ribarski brudet – Fisch-Brodetto

riblja juha – Fischsuppe
riža – Reis
rožata – Karamellpudding
ručak – Mittagessen
rukatac – regionale Rebsorte

S

salata – Salat
sardine u ulju – Ölsardinen
sendvić – Sandwich
sir – Käse
školjke – Miesmuscheln
skrpin – Drachenkopf
skuša – Makrele
sladoled – Eis
slano – salzig
slatko – süß
sljivovica – Pflaumenschnaps
smokva – Feige
sok – Saft
sol – Salz
stol – Tisch
suho – trocken (Wein)
šunka – Schinken
svinjetina – Schweinefleisch

T

teletina – Kalbfleisch
teran – lokaler Rotwein (trocken)
tijesto – Nudelteig
travarica – Kräuterschnaps
tuna – Thunfisch

V

večera – Abendessen
vinjak – Weinbrand
vino – Wein
vočni sok – Fruchtsaft
voće – Obst
voda – Wasser
vruće – heiß

Z

zelena salata – Kopfsalat
živjeli – Zum Wohl!
zubatac – Zahnbrasse

Reisepraktisches von A–Z

ANREISE UND ANKUNFT
MIT DEM AUTO

Durch Österreich und Slowenien geht es bis zur kroatischen Küstenstadt Rijeka; weiter auf der Magistrale südwärts über Senj, Karlobag, Starigrad bis Zadar. Von Starigrad–Paklenica bis zur Bucht von Kotor an der montenegrinischen Grenze erstreckt sich Dalmatien. Parallel zur Küste verläuft eine mautpflichtige Autobahn, Infos unter www.hac.hr. Fertiggestellt ist die Autobahn von Žuta Lokva in der Region Kvarner bis nahe der süddalmatinischen Küstenortschaft Ploče. Künftig soll sie sich bis Dubrovnik erstrecken.

MIT DEM BUS

Langwierig und nicht gerade komfortabel; tägliche Verbindungen nach Dalmatien. Die Fahrt Köln–Split dauert mindestens 24 Stunden. Manche Flugtickets nach Split sind preiswerter als die Busfahrt.

Deutsche Touring GmbH

– Breslauer Platz (Hauptbahnhof), 50668 Köln • Tel. 02 21/7 59 86 60
– Mannheimer Str. 15, 60329 Frankfurt • Tel. 0 69/23 44 43

MIT DER FÄHRE

Schiffsverbindungen ab Italien (Ancona, Bari und Venedig) u. a. nach Zadar, Split, Dubrovnik, Pula, Insel Hvar und Insel Korčula. Infos: www.jadrolinija.hr

MIT DEM FLUGZEUG

Die bedeutendsten Flughäfen sind Split, Zadar und Dubrovnik. Günstige Flüge ab Deutschland nach Dalmatien bieten derzeit die Gesellschaften TUIfly (www.tuifly.com), Airberlin (www.airberlin.com), Condor (www.condor.com) und Germanwings (www.germanwings.com) an. Auch Easyjet (www.easyjet.com) und Ryanair (www.ryanair.com) fliegen Dalmatien an. In der Saison werden von den großen Touristikkonzernen (TUI, Neckermann etc.) auch viele Charterflüge nach Dalmatien und Pauschalarrangements angeboten.

Ganzjährige regelmäßige Flugverbindungen nach Split und Dubrovnik unterhält die kroatische Gesellschaft Croatia Airlines (www. croatia airlines.com, Tel. 0 69/9 20 05 20).

Taxifahrten von den Flughäfen Split, Zadar und Dubrovnik in die Innenstadt sind teuer. Weit günstiger ist die Fahrt mit dem jeweiligen Flughafenbus von Croatia Airlines. Seine Abfahrtszeiten sind auf die Flüge von Croatia Airlines abgestimmt. Nur wenn man es sehr eilig hat, macht die teure Taxifahrt Sinn.

Auf www.atmosfair.de und www. myclimate.org kann jeder Reisende durch eine Spende für Klimaschutzprojekte für die CO_2-Emission seines Fluges aufkommen.

Flughäfen
Flughafen Brač

Tel. 0 21/55 97 11 • www.airport-brac.hr

Flughafen Dubrovnik

Tel. 0 20/77 31 00 • www.airport-dubrovnik.hr

Flughafen Split

Tel. 021/20 35 55 • www.split-airport.hr

Flughafen Zadar

Tel. 0 23/20 58 00 • www.zadar-airport.hr

Reiseveranstalter
Bemex Reisen

Tel. 0 89/2 31 19 70 • www.bemex.de

J. D. Riva Tours

Tel. 0 89/2 31 10 00 • www.idriva.de

MIT DEM ZUG

Tägliche Verbindung per Euro-City ab München nach Rijeka. Von dort weiter per Fähre oder Leihwagen nach Dalmatien. Es gibt auch eine Zugverbindung von München nach Zagreb, dann weiter auf der Autobahn über Karlovac und Zadar bis Split. In der Sommersaison verkehrt auch ein Autoreisezug zwischen Zagreb und Split.

AUSKUNFT

IN DEUTSCHLAND, ÖSTERREICH UND DER SCHWEIZ
Kroatische Zentrale für Tourismus

– Hochstr. 43, 60313 Frankfurt • Tel. 0 69/2 38 53 50 • www.kroatien.hr
– Liechtensteinstr. 22a, 1/1/7, 1090 Wien • Tel. 01/5 85 38 84 • www.kroatien.at
– Badenerstr. 332, 8004 Zürich • Tel. 0 43/3362030 • http://ch.croatia.hr

BUCHTIPPS

Detlef Kleinert: Wenn Tito das wüsste. Von der kroatischen Küste bis zu den Bergen des Balkans (Herbig Horizonte Verlag, 2008) Der Journalist und langjährige Korrespondent schildert die Veränderungen der Lebensweise an der kroatischen Küste und im Hinterland.

Johann Strutz (Hg.): Dalmatien (Wieser-Verlag, 1998), In dem in der Reihe »Europa erlesen« erschienenen Titel finden sich fast 60 Geschichten und Reportagen über die Region Dalmatien.

Paul Widmer: Kroatien im Umbruch. Ein Land zwischen Balkan und Europa (Nzz Libro, 2004) Der Titel erläutert historische und politische Hintergründe. Der Autor war viele Jahre als Diplomat in Kroatien tätig.

Emeli Wethmar: Kroatisch kinderleicht (Schmetterling Verlag 2010) Ein Bilderbuch mit sprachlichen Übungen, um Kroatisch für den Alltag zu lernen; geeignet für Kinder wie für Erwachsene.

Außerdem ist zu Kroatien ein **MERIAN-Magazin** im Handel erhältlich (TRAVEL HOUSE MEDIA, 2011).

DIPLOMATISCHE VERTRETUNGEN
Deutsches Honorarkonsulat

▸ Klappe hinten, a 2

Svačićeva 4, Split • Tel. 0 21/40 93 47

Österreichische Botschaft

Radnička cesta 80, Zagreb • Tel. 01/4 88 10 50

Schweizer Botschaft

Bogoviceva 3, Zagreb • Tel. 01/4 87 88 00

FEIERTAGE

1. Januar Neujahr
6. Januar Heilige Dreikönige
Ostermontag
1. Mai Tag der Arbeit
30. Mai Nationalfeiertag
22. Juni Antifaschistischer Widerstand

5. August Staatsfeiertag
15. August Mariä Himmelfahrt
8. Oktober Unabhängigkeitstag
(Dan Neovisnosti)
1. November Allerheiligen
25./26. Dezember Weihnachten

FKK

FKK hat an der Adriaküste und auf den Inseln eine lange Tradition, die bis in die Dreißigerjahre des 20. Jh. zurückreicht.
Nach wie vor gibt es in Dalmatien einige FKK-Campingplätze sowie besondere für FKK-Freunde ausgewiesene Strandpartien. Auch in entlegenen einsamen Buchten ist oft FKK üblich.

FOTOGRAFIEREN

Das Fotografieren von militärischen Anlagen ist untersagt; das gilt auch für Schiffe der kroatischen Marine in den dalmatinischen Häfen.

GELD

10 Kuna	1,38 €/2,08 SFr
1 €	7,27 Kuna
1 SFr	4,8 Kuna

Sperr-Notruf bei Verlust der Kreditkarte/EC-Karte: 00 49 116 116
Seit 31. Mai 1994 heißt die kroatische Währung Kuna (HRK) bzw. (KN) – Kuna bedeutet im Deutschen Marder. 1 Kuna ist in 100 Lipa unterteilt. Im Umlauf sind Münzen zu 1, 2, 5, 10, 20, und 50 Lipa, außerdem 1, 2 und 5 Kuna. Banknoten gibt es im Wert von 5, 10, 20, 50, 100, 200, 500 und 1000 Kuna.
Möglichkeiten zum Geldwechsel gibt es in Banken, geöffnet in der Regel Mo–Fr von 7–19 und Sa 7–13 Uhr, in Wechselstuben, auf Postämtern, in vielen Reisebüros, in Hotels und auf Campingplätzen. Es lohnt sich unbedingt, die Konditionen zu vergleichen. Der Umtausch in Kroatien ist günstiger als in Deutschland. Euro werden allgemein auch sehr gerne genommen. Geldautomaten (Bankomat), an denen man mit Kreditkarten kroatische Währung ziehen kann, gibt es in nahezu allen Ortschaften in den touristisch relevanten Gebieten.

INTERNET

www.kroatien.hr und
www.croatia.hr
Offizielle Infos der Kroatischen Zentrale für Tourismus
www.mmtpr.hr
Offizielle Infos des Tourismusministeriums
www.kroatische-weine.de
Private Info-Seite über kroatische Weinsorten
www.skippertipps.de
Tipps für Wassersportler in Kroatien
www.camping.hr
Kroatischer Campingverband, informative und umfangreiche Seite
www.hznet.hr
Infoseite der Kroatischen Eisenbahn
www.dalmacija.net
Touristische Infos über die Region Mittel-Dalmatien
www.reisewelt-kroatien.de
Umfassende Infos über touristischen Service in Kroatien
www.reiseinformation-
kroatien.com
Touristische Tipps und Infos über Kroatien.
www.dalmatia.hr
Offizielle Infos der Tourismusbehörde Split und Umgebung
www.kroatien-net.de
Unterkünfte und allgemeine Infos

KLEIDUNG

Fällt der Urlaub in die Sommersaison von Mai bis September, lohnt es sich, Taucherbrille, Schnorchel und Flossen mitzunehmen. Wegen der vielen Kies- und Felsenstrände Dalmatiens empfehlen sich solide Badeschuhe. Auch ist in den Sommermonaten Sonnenschutz notwendig. Für Schiffsausflüge benötigt man wetterfeste Kleidung.

MEDIZINISCHE VERSORGUNG
KRANKENVERSICHERUNG

Der Abschluss einer Auslandsreisekrankenversicherung ist ratsam.

KRANKENHAUS

Krankenhäuser befinden sich z. B. in Split und Dubrovnik.

APOTHEKEN

Apotheken sind in der Regel Mo–Fr von 8–21 und Sa von 8–14 Uhr geöffnet.

NOTRUF

Polizei Tel. 92 oder 112
Feuerwehr Tel. 93 oder 112 und 9 85
Rettungsdienst Tel. 94 oder 112
Pannenhilfe Tel. 9 87
Kroatische Engel (Touristische Infos jeder Art, auch in Deutsch. Nur vom 25. März bis 15. Oktober.) Tel. 0 62/99 99 99
ADAC-Auslandsnotruf
Tel. 0 89/22 22 22

POST

Die Ämter der kroatischen Post- und Telekommunikationsgesellschaft HPT sind in der Regel Mo–Fr von 7–19 und Sa von 7–13 Uhr geöffnet. In der Sommersaison sind einige Postämter in den Touristenorten bis 22 Uhr geöffnet. Die Post-

NEBENKOSTEN

1 Tasse Kaffee	1,50 €
1 Bier	1,60 €
1 Cola	0,90 €
1 Brot (ca. 1 kg)	1,00 €
1 Schachtel Zigaretten	1,50 €
1 Liter Benzin	1,35 €
1 typisches kleines Gericht	3,00 €
Mietwagen/Tag	ab 50,00 €

ämter bieten auch Telefonkarten für Gespräche aus Telefonzellen an. Das Porto für Postkarten beträgt 3,50 Kuna, die Briefkästen sind gelb.

REISEDOKUMENTE

Deutsche, Österreicher und Schweizer können mit einem gültigen Reisepass oder Personalausweis (Identitätskarte) einreisen. Kinder unter 16 Jahren müssen im Pass eines Elternteils eingetragen sein oder benötigen einen Kinderausweis mit Lichtbild bzw. einen Kinderreisepass. Bei der Einreise mit dem Auto oder Motorrad sind der Führerschein, der Kfz-Schein und die grüne Versicherungskarte vorzulegen.

REISEKNIGGE

Nationalbewusstsein: Halten Sie sich bei politischen Debatten über die jüngste Vergangenheit und den Zerfall des ehemaligen Jugoslawien zurück. Das Thema wird nach wie vor kontrovers debattiert und reißt immer wieder alte Wunden auf. Als Ausländer zeigt man hier besser Zurückhaltung und hütet sich vor Schuldzuweisungen und politischen Verurteilungen.
Preise: Sie sind manchmal in Hotels oder Restaurants ohne die fälligen Steuern angegeben. Fragen Sie nach

dem definitiven Endpreis, ehe Sie ein Hotelzimmer oder ein Gericht in einem Restaurant wählen.

Batterien im Koffer: Bei der Ausreise an den kroatischen Flughäfen dürfen sich im aufgegebenen Gepäck keine Objekte (Mini-Radio, Fotoausrüstung, Rasierapparate, Reisewecker etc.) befinden, die Batterien enthalten. Die entsprechenden Gegenstände sollten im Handgepäck mitgenommen werden.

In der Hochsaison im Juli und August sind die öffentlichen Busse, Züge, vor allem aber die Auto- und Personenfähren in der Regel ausgebucht. Sichern Sie sich rechtzeitig Ihr Ticket und rechnen Sie genügend Zeit für den Transport ein, denn Verspätungen sind üblich.

REISEWETTER

Günstigste Zeit für eine Reise nach Dalmatien sind die Monate Mai/Juni sowie September und die erste Oktoberhälfte. Die Temperaturen sind dann noch nicht bzw. nicht mehr so hochsommerlich wie im Juli und August, der absoluten Hochsaison.

Auch der Spätherbst und der Monat April können den Urlauber an der dalmatinischen Adria in manchen Jahren mit einem milden, angenehmen Wetter verwöhnen.

Info über das Wetter in Kroatien: www.wetter.net/n116.html

STROMSPANNUNG

Generell 220 Volt. Adapter werden nicht benötigt.

TELEFON

Auslandsgespräche sind generell teuer, Inlandsgespräche dagegen verhältnismäßig preiswert. Deutsche D1- und D2-Telefone können benutzt werden, viele deutsche Mobilfunk-Anbieter bieten Roaming-Tarife an.

Kroatien verfügt über ein modernes und flächendeckendes Mobilfunknetz (CRONET, VIPNET, TELE2). Funklöcher gibt es zum Teil noch auf einigen Inseln, im Hinterland und auf offener See.

VORWAHLEN

D, A, CH ▸ Kroatien 0 03 85
Kroatien ▸ D 00 49
Kroatien ▸ CH 00 41
Kroatien ▸ A 00 43

Danach wählt man die jeweilige Ortskennzahl ohne die Null am Anfang.

Vorwahlnummern der Regierungsbezirke (Županije) in Dalmatien:
Zadar/Knin Tel. 0 23
Šibenik Tel. 0 22
Split Tel. 0 21
Dubrovnik und Neretva-Tal Tel. 0 20

TIERE

Hunde und Katzen benötigen zur Einreise einen EU-Heimtierausweis (stellt der Tierarzt aus) mit Nachweis einer Tollwutimpfung. Das Tier muss durch einen Mikrochip identifizierbar sein.

TRINKGELD

Bei sehr gutem Service des Reiseführers, Taxifahrers oder Kellners ist ein Trinkgeld von 5 bis 10% der Rechnung angebracht. Das Trinkgeld fürs Hotelpersonal richtet sich nach der Hotelkategorie.

UMSATZSTEUER

Ausländer, die in Kroatien gekaufte Waren (außer Zigaretten und alko-

Mittelwerte	JAN	FEB	MÄR	APR	MAI	JUN	JUL	AUG	SEP	OKT	NOV	DEZ
Tages-temperatur	12	12	14	17	21	25	28	28	25	21	17	13
Nacht-temperatur	6	6	8	11	15	19	21	21	18	14	10	7
Sonnen-stunden	4	5	6	7	9	10	11	11	9	7	4	3
Regentage pro Monat	11	11	9	8	8	4	3	3	6	9	13	13
Wasser-temperatur	13	13	13	15	17	22	23	24	22	20	18	15

holischen Getränken) im Wert von mehr als 500 Kuna bei der Ausreise deklarieren (Formblatt Tax cheque) und eine Quittung vorweisen können, bekommen 10 % Umsatzsteuer erstattet.

VERKEHR
AUTO

Es genügt die gültige Zulassung des Autos und ein gültiger Führerschein; die grüne Versicherungskarte sollte mitgeführt werden. Wer nicht mit dem eigenen Wagen einreist, benötigt eine Vollmacht des Fahrzeughalters. Innerhalb von geschlossenen Ortschaften ist max. 50 km/h vorgeschrieben; auf Landstraßen 90 km/h; auf Schnellstraßen 110 km/h; auf Autobahnen (gebührenpflichtig) 130 km/h. Die Promillegrenze liegt bei 0,0 ‰.

Die Versorgung mit Tankstellen, die auch bleifreies Benzin anbieten, ist an der Küstenmagistrale ausreichend. Bei den Inseln sollte man sich vorher erkundigen. Das Tragen einer Warnweste bei Unfällen und Pannen ist Vorschrift.

BUS

Das Busnetz längs der Küste ist dicht, das auf den Inseln weniger dicht

ausgebaut. Die Preise sind niedrig. Sonntags verkehren weniger Busse.

FAHRRÄDER

Verleihstationen in den touristischen Zentren, zum Beispiel Korčula-Stadt, Supetar und Bol auf Brač.

LEIHWAGEN

Hinreichend großes Angebot in allen touristischen Orten sowie an den Flughäfen. Man findet dort auch Motorroller, Mofas oder offene Wagen zur Vermietung. Mögliche Engpässe im Juli und August.

SCHIFF

Fast alle Fährverbindungen in der kroatischen Adria sowie nach Italien und Griechenland unterhält die staatliche Gesellschaft **Jadrolinija**. Die Preise für die Fähren zu den Inseln sind günstig. Größter Verkehrsknotenpunkt in Dalmatien ist Split, außerdem Dubrovnik, Zadar, Šibenik.

Jadrolinija unterhält zwischen Mai und September eine Küstenlinie zwischen Rijeka und Dubrovnik mit Zwischenstopps u. a. in Zadar, Split, Stari Grad, Korčula. Die Fahrt gibt herrliche Blicke frei auf die Inseln und Küstenabschnitte. Wer mit dem Auto anreist, kann in Rijeka einen gesicherten Parkplatz vorbestellen. Während der Hochsaison im Juli und August sind die Schiffe oft ausgebucht. Reservierung:

DERTRAFFIC

Emil-von-Behring-Str. 6, 60424 Frankfurt • Tel. 0 69/95 88 58 00

Jadrolinija

Rijeka • Tel. 0 03 85/51/66 61 11 • www.jadrolinja.hr

TAXI

Es gelten feste Tarife. Bei längeren oder Tagesfahrten kann der Preis ausgehandelt werden. Das Preisniveau entspricht etwa dem deutschen.

ZEITUNGEN UND ZEITSCHRIFTEN

Deutschsprachige Zeitungen und Zeitschriften bekommt man während der Saison in den Touristenorten.

ZEITVERSCHIEBUNG

In Kroatien gilt die MEZ wie in Deutschland und die Umstellung auf Sommerzeit, die von Ende März bis Ende Oktober in Kraft tritt.

ZOLL

Reisende aus Deutschland und Österreich dürfen Waren im Wert von 300 €, bei Flug- bzw. Seereisen von 430 € (Jugendliche: 175 €) abgabenfrei mit nach Hause nehmen, Reisende aus der Schweiz im Wert von 300 SFr. Die Waren müssen für den privaten Gebrauch vorgesehen sein. Tabakwaren und Alkohol fallen nicht unter diese Wertgrenze und bleiben in bestimmten Mengen abgabenfrei (z. B. 200 Zigaretten, 4 l Wein).

Die Einfuhr von Fleisch und Fleischprodukten nach Kroatien ist eingeschränkt, Jagd- und Sportgewehre müssen angemeldet werden. Weitere Auskünfte unter www.zoll.de, www.bmf.gv.at/zoll und www.zoll.ch

ENTFERNUNGEN (IN KM) ZWISCHEN WICHTIGEN ORTEN

	Dubrovnik	Makarska	Šibenik	Sinj	Split	Ston	Zadar
Dubrovnik	–	167	305	260	228	61	380
Makarska	167	–	138	80	61	106	213
Šibenik	305	138	–	109	77	244	75
Sinj	260	80	109	–	32	199	171
Split	228	61	77	32	–	167	152
Ston	61	106	244	199	167	–	319
Zadar	380	213	75	171	152	319	–

Kartenatlas
Maßstab 1:600 000

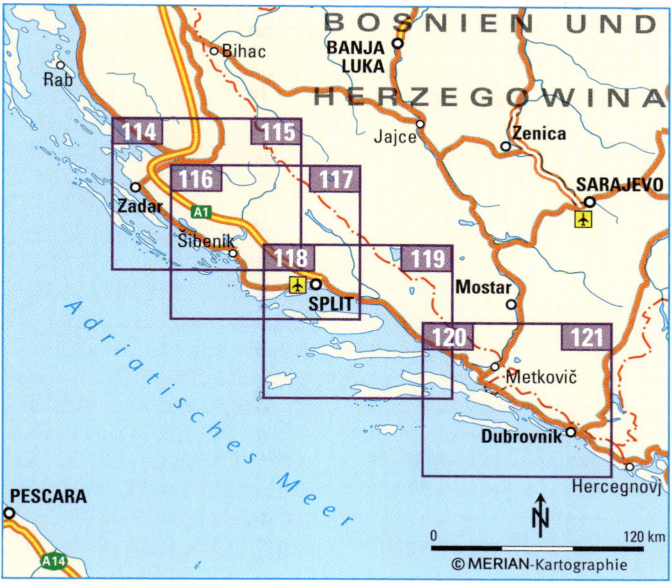

Map of the Adriatic coast region showing Bosnia and Herzegovina, Croatia coast with numbered map sections:

BOSNIEN UND HERZEGOWINA

Bihac · BANJA LUKA · Jajce · Zenica · SARAJEVO

Rab

114 · 115 · 116 · 117 · Zadar · A1 · Šibenik · 118 · 119 · Mostar · SPLIT · 120 · 121 · Metković · Dubrovnik · Hercegnovj

PESCARA · A14

Adriatisches Meer

0   120 km

N

© MERIAN-Kartographie

Legende

Touren und Ausflüge

- Gipfeltour zum Sveti Jure (S. 86) Start: S. 119, E10
- Landeinwärts nach Sinj (S. 88) Start: S. 117, D7
- Zu den Krka-Wasserfällen (S. 90) Start: S. 115, E4
- Über die Insel Korčula (S. 92) Start: S. 119, D11
- Wanderungen auf dem Sveti Ilija (S. 94) Start: S. 119, E11

Sehenswürdigkeiten

- **10** MERIAN-TopTen
- **10** MERIAN-Tipp
- Sehenswürdigkeit, öffentl. Gebäude
- Sehenswürdigkeit Natur
- Kirche; Kloster

Sehenswürdigkeiten ff.

- Kirchenruine; Klosterruine
- Museum
- Denkmal
- Leuchtturm
- Archäologische Stätte
- Höhle

Verkehr

- Autobahn
- Autobahnähnliche Straße
- Fernverkehrsstraße
- Hauptstraße
- Nebenstraße
- Unbefestigte Straße, Weg
- **P** Parkmöglichkeit
- **B** Busbahnhof
- **H** Bushaltestelle

Verkehr ff.

- Schiffsanleger
- Flughafen
- Flugplatz

Sonstiges

- **i** Information
- Theater
- Markt
- Zoo
- Camping
- Strand
- Aussichtspunkt
- Friedhof
- Naturparkgrenze

Olib
Rt. Ploce
Rijeka
Rt. Rastovac
Vir
Barič Draga
Velebitski kanal
Šibuljine
2
M
Virsko more
Vir
106
Ist
Rt. Jabuini
Privlaka
Vrsi
Rai
Molat
Nin
Ljubač
Veli Tun
Rt. Križ
Poljak
Ž
Rivanj
Zadarski kanal
Bokonjačko blato
E65
Žverinac
Sestrunje
Murvica
31
Soline
Veli Rat
Dragove
Ugljan
Zadar
Donji Zemunic
Lukoran
2
Brbinj
Preko
Bibinje
Savar
Iž
Kali
Sukošan
109
Rava
Kukljica
28
Dugi Otok
Srednji kanal
E65
Luka
Pašman
Sali
Lavdara
Bi
Sit
Tk
Žut
Levrnaka
Nacionalni park Kornati
Piškera
Kor
Lavsa

Adriatisches Meer

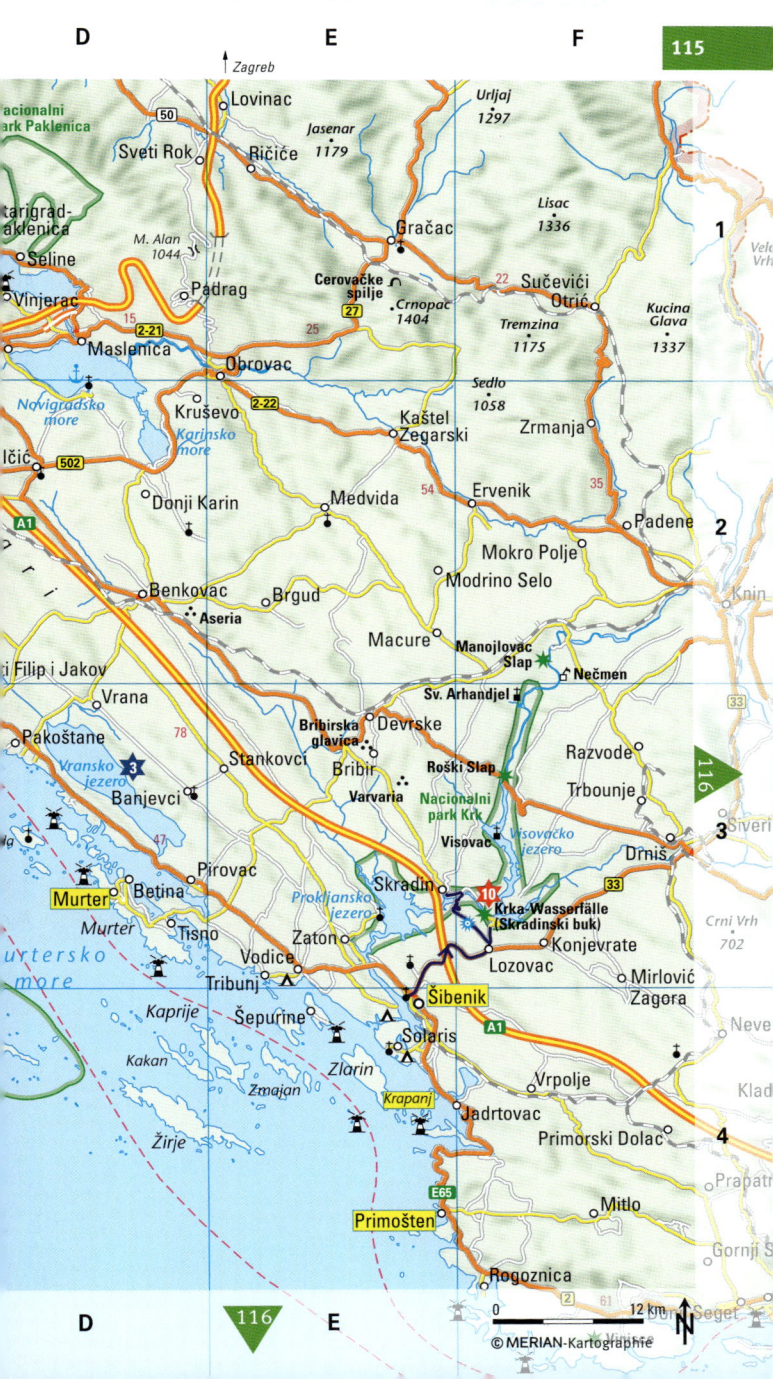

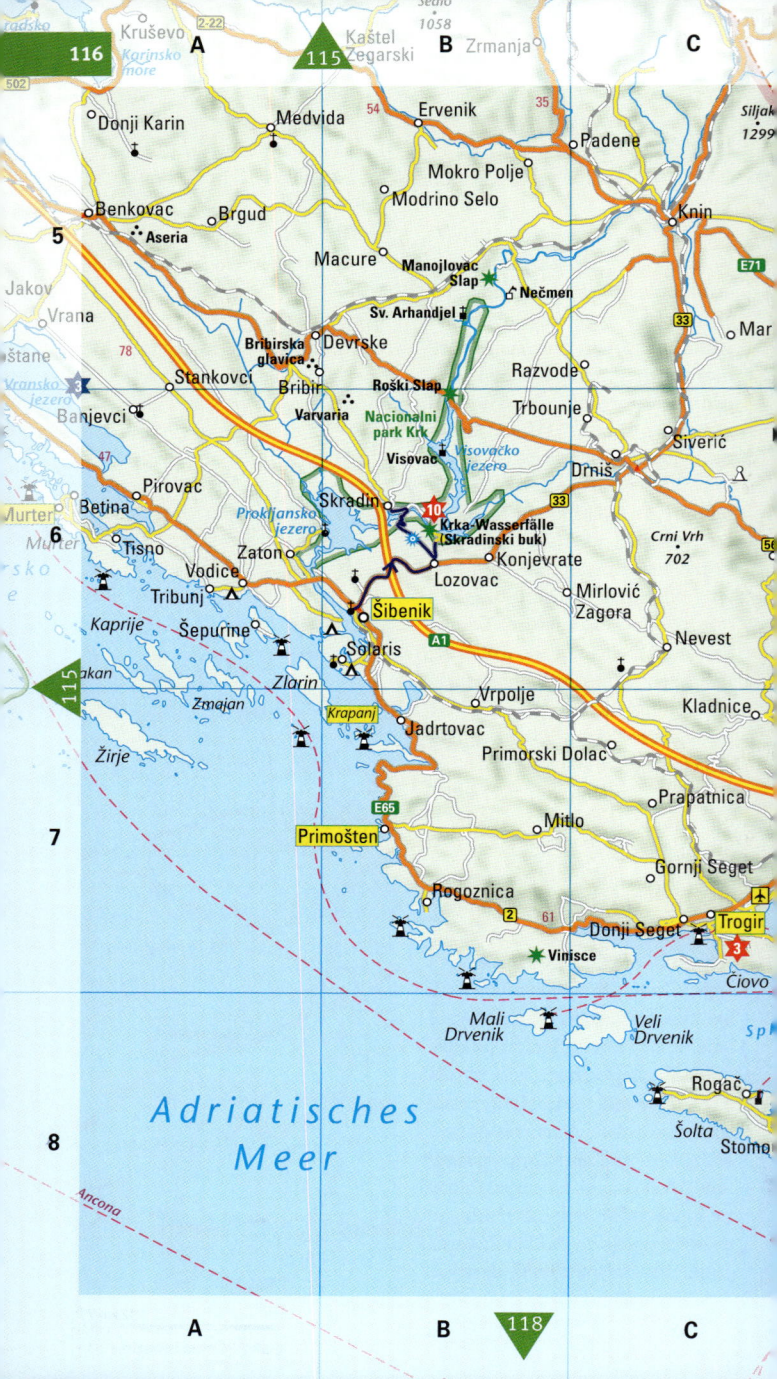

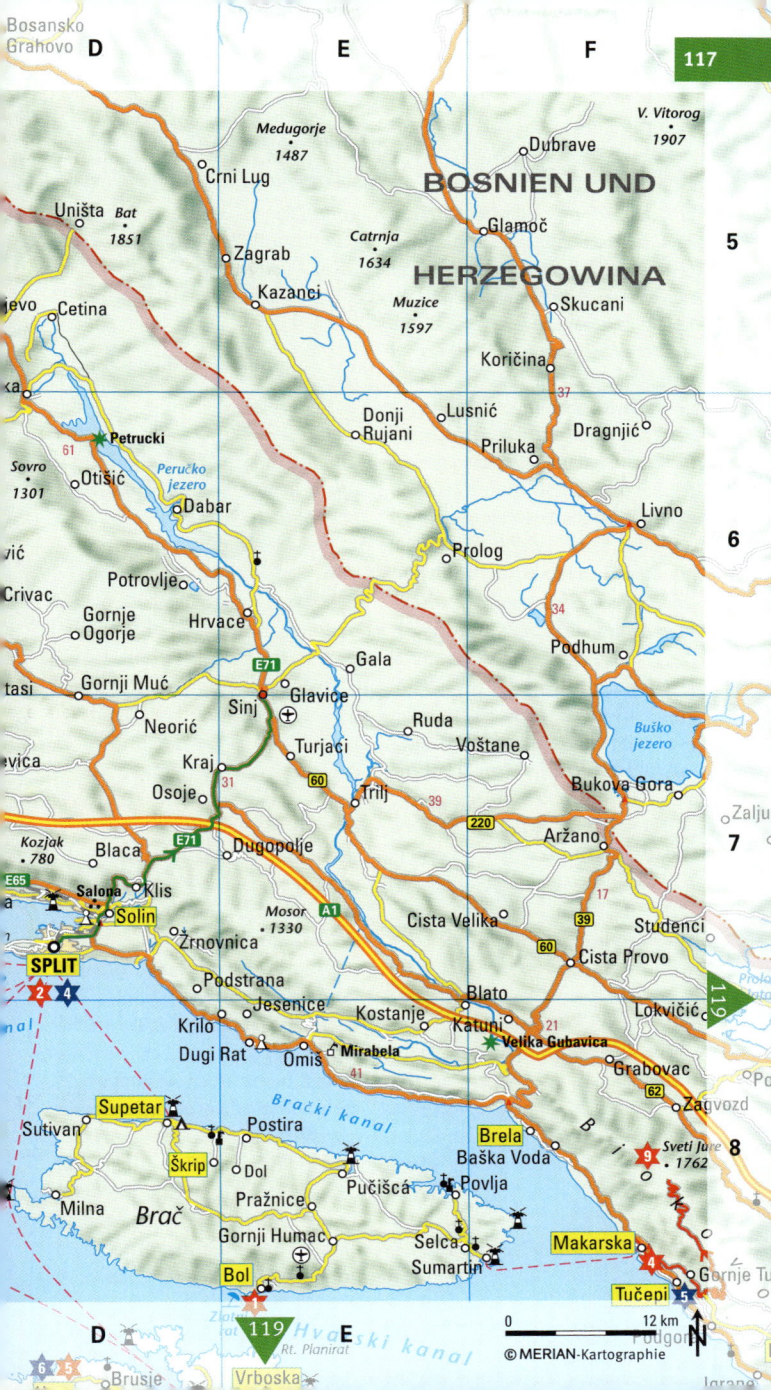

Nevesinje

D E F

Dabrica

Zovi Do

26
ličići

Baba Planina

13

Berkoviči

Stolac

Bregava

Deransko blato

Vlahoviči

Fatnica

49

D a b a r s k o P o l j e

Hutovo

Ljubinje

Granica

Krivača

Trebišnica

reskovac
734

78

S i t n i c a p l a n i n a

BOSNIEN UND
HERZEGOWINA

Bileća

14

Čapikuće

B j e l a š n i c a

Domaševo

udine

Mrkonjići

Motka
1395

6

42

Bilecko jezero

Slano

Gornji Majkovi

Sedlari

20

Leotar
1224

Skorca Gora

60

Šipan

Trsteno 8

Orašac

Trebinje

6

Lopud

Koločep

Dubrovnik

20

32

Tulj

Konjsko

15

10 7

Dubac

Dabrica

Nacionalni
park Orjen

Lokrum

Cavtat

Pridvorje

Ljuta

Čilipi

Ljuta

Mikulići

Hercegnovi

16

Igoumenitsa

D E

0 12 km

© MERIAN-Kartographie

N

Kartenregister

Zeichenerklärung
Δ Kap, Insel
▲ Gebirge
~ Gewässer, Strand
★ Sehenswürdigkeit
☆ Nationalpark

Orts- und Sachregister

Wird ein Begriff mehrfach aufgeführt, verweist die **fett** gedruckte Zahl auf die Hauptnennung, eine *kursive* Zahl auf ein Foto.
Abkürzungen:
Hotel [H]
Restaurant [R]

Liebe Leserinnen und Leser,
vielen Dank, dass Sie sich für einen Titel aus unserer Reihe MERIAN *live!* entschieden haben. Wir freuen uns, Ihre Meinung zu diesem Reiseführer zu erfahren. Bitte schreiben Sie uns an merian-live@travel-house-media.de, wenn Sie Berichtigungen und Ergänzungen haben – und natürlich auch, wenn Ihnen etwas ganz besonders gefällt.

Alle Angaben in diesem Reiseführer sind gewissenhaft geprüft. Preise, Öffnungszeiten usw. können sich aber schnell ändern. Für eventuelle Fehler übernimmt der Verlag keine Haftung.

© 2013 TRAVEL HOUSE MEDIA
   GmbH, München
MERIAN ist eine eingetragene Marke der GANSKE VERLAGSGRUPPE.

Alle Rechte vorbehalten. Nachdruck, auch auszugsweise, sowie die Verbreitung durch Film, Funk, Fernsehen und Internet, durch fotomechanische Wiedergabe, Tonträger und Datenverarbeitungssysteme jeglicher Art nur mit schriftlicher Genehmigung des Verlages.

**BEI INTERESSE AN DIGITALEN DATEN
AUS DER MERIAN-KARTOGRAPHIE:**
kartographie@travel-house-media.de

**BEI INTERESSE AN MASSGESCHNEI-
DERTEN MERIAN-PRODUKTEN:**
Tel. 0 89/4 50 00 99 12
veronica.reisenegger@travel-house-media.de

BEI INTERESSE AN ANZEIGEN:
KV Kommunalverlag GmbH & Co KG
Tel. 0 89/9 28 09 60
info@kommunal-verlag.de

TRAVEL HOUSE MEDIA
Postfach 86 03 66
81630 München
merian-live@travel-house-media.de
www.merian.de

4., unveränderte Auflage

PROGRAMMLEITUNG
Dr. Stefan Rieß
REDAKTION
Juliane Helf
LEKTORAT
Waltraud Ries
BILDREDAKTION
Nora Goth, Stella Rahn
SCHLUSSREDAKTION
Ulla Thomsen
SATZ
Nadine Thiel | kreativsatz
REIHENGESTALTUNG
Independent Medien Design,
Elke Irnstetter, Mathias Frisch
KARTEN
Gecko-Publishing GmbH
für MERIAN-Kartographie
**DRUCK UND BUCHBINDERISCHE
VERARBEITUNG**
Stürtz Mediendienstleistungen, Würzburg

TRAVEL HOUSE MEDIA

Ein Unternehmen der
GANSKE VERLAGSGRUPPE

PEFC
PEFC/04-31-1404

BILDNACHWEIS
Titelbild (Dubrovnik), Bildagentur Huber: J. Huber
Alamy: Capture 73, E. Pozar 44, TOPICMedia / B. Muller 19 • H. Arndt 83 • Bildagentur Huber: J. Huber 20, 60, G. Simeone 26, K. Thiele 24 • FAN / F1online: 91 • Fotolia / lexlero 39 • imagebroker: C. Handl 95, vario images 63 • imago / imagebroker 69 • Jeny 8 • Kroatische Zentrale für Tourismus: J. Kopač 66 • laif: R. Celentano 30, Le Figaro Magazine 98, J. Glaescher 14, hemis: G. Gerault 32/33, R. Kreuels 59, H. Madej 56, 75, 96/97, P. Roy / HOA-QUI 80, A. Selbach 22, C. Zahn 46, 53 • look: K. Maeritz 49, I. Pompe 7 • mauritius images / alamy 84/85 • H.-G. Roth 29, 38, 41, 52, 70, 71, 87, 88, 93, 95 • Schapowalow: Doormann 86, J. Irek 9, SIME 4 • Shutterstock / Phant 34, P. Prescott 51 • transit: P. Hirth 76 • transit-Archiv: P. Hirth 10/11 • Your Photo Today: B. Ducke 12